Σ BEST シグマベスト

JN017319

時代と流れで覚える！

┃ 日本史用語 ┃

鈴木和裕 著

文英堂

はじめに

1

//////////////// **この問題集のねらい** ////////////////

　本書は**受験に必要な歴史用語の暗記をめざした問題集**です。高校や塾・予備校の授業を受けたり，教科書を読むだけではなかなか歴史用語が覚えられないでしょう。**授業後の知識定着や過去問を解いた後の復習などに本書を利用して**ください。内容は高校教科書を参考に大学入試を意識して編集しました。共通テストや国公立二次の論述問題で必要な用語は充分に網羅しています。難関私大でも，8～9割程度の得点が確保できるように配慮しました。

—

2

//////////////// **日本史学習の考え方** ////////////////

　日本史学習には**インプット**と**アウトプット**の2段階の学習が必要です。

> **インプット**　…歴史を理解し，歴史用語などの知識を定着させる
> **アウトプット**…入試の過去問など実戦的な問題を解く

　授業をしっかり聞き，教科書を読んで，歴史を理解することにより歴史用語を効率よく整理することができます。一問一答のような細切れの歴史用語の知識では入試問題に対応できないこともあります。また，歴史を理解していても，歴史用語を覚えていないと，記述問題や論述問題では解答が書けません。
　インプットの際には，それらを念頭におきながら丁寧に用語の知識を定着させる必要があります。その上で，大学入試の過去問を利用して実戦的な問題演習，つまり**アウトプット**の訓練をする必要があります。受験する大学の入試問題の特徴をつかみ，覚えた知識がどのように問われているかを知ることが必要です。また，過去問演習を通じて自分の弱点を発見し，攻略しましょう。
　この問題集はインプットの作業を進めるためのものです。短文・空欄補充の形式でまとまった文章を読みながら歴史を理解し，歴史用語を覚えられるように配慮しました。しかし，実戦的な問題を解くというアウトプットの訓練はできません。この問題集で歴史用語をある程度覚えたら，次は大学入試の過去問を解いてみてください。そして，知識に不安を感じたら，この問題集に戻ってもう一度，知識の定着をはかりましょう！

本書の特長

本書で赤太字・黒太字になっている用語は大学入試に必要な用語なので、すべて暗記するようにしましょう。

「時代」をつかむ

左ページは、単元の内容をまとめた表と、関連する地図などで構成されています。いつ何が起きたのかを視覚的に把握できます。

「流れ」で覚える

右ページは、歴史の流れを一連のまとまった文章で説明しています。戦乱の経過など、歴史の流れを細かく理解できます。

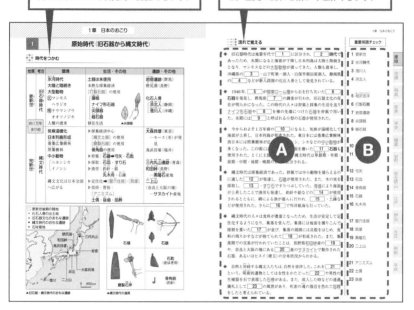

● 使い方 ●

STEP 1 左ページで赤字になっている用語は、その時代を把握するのに重要な用語です。この用語を中心にどの時代（時期）に何が起こったのかを意識しながら、時代の全体像をつかみます。特に各時代の権力者と重要事項をまとめた表では、誰の時代に何があったかをしっかり頭に入れましょう。

STEP 2 Ｂの部分を赤フィルターで隠して文章を読み、空欄の穴埋め問題を解いていきます。空欄の箇所は、その単元の中でも特に重要な用語なので、確実に覚えるようにしましょう。

STEP 3 Ａの部分を赤フィルターで隠しながら文章を読んでいきます。空欄・赤字をすべて覚えれば、流れの中で用語を理解することができ、過去問を解く（アウトプット）の訓練を始めるために十分な知識が身につきます。

もくじ

1　原始時代（旧石器から縄文時代）

時代をつかむ

地質	考古	環境	生活・その他	遺跡・その他
更新世	旧石器時代	氷河時代 大陸と陸続き 大型動物 ㊗マンモス 　ヘラジカ ㊗ナウマンゾウ 　オオツノジカ 人類の渡来	土器は未使用 未熟な採集経済 [打製石器]の使用 　握槌 　ナイフ形石器 　尖頭器 　細石器 移住生活 ▲尖頭器	岩宿遺跡（群馬） 野尻湖（長野） 化石人骨 　浜北人（静岡） 　港川人（沖縄）
約1万年余り前				
完新世	縄文時代	気候温暖化 日本列島形成 落葉広葉樹林 照葉樹林 中小動物 　ニホンシカ 　イノシシ 縄文文化は日本全国 へ広がる	▶採集経済中心 [縄文土器]の使用 [磨製石器]の使用 骨角器の使用 ▶狩猟：石鏃➡弓矢・石匙 ▶採取：石皿・すり石 ▶漁労：釣針・銛 　丸木舟・石錘 ▶定住化➡[竪穴住居]・[貝塚] ▶信仰・習俗： 　[アニミズム] 　土偶・抜歯・屈葬	大森貝塚（東京） 　…モース（米）が発見 鳥浜貝塚（福井） 三内丸山遺跡（青森） 和田峠（長野） 　…黒曜石産地 二上山 （奈良と大阪の境） 　…サヌカイト産地

☐☐ 更新世後期の陸地
● 化石人骨の出土地
△ 旧石器文化のおもな遺跡
● 縄文時代のおもな遺跡
⊙ 石材産地

野尻湖
和田峠
鳥浜貝塚
三内丸山
岩宿
浜北
港川　二上山
大森貝塚

0　400km

▲旧石器・縄文時代のおもな遺跡

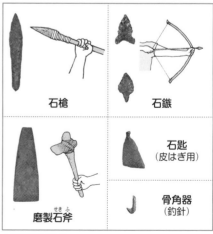

石槍　　石鏃

磨製石斧　石匙（皮はぎ用）

骨角器（釣針）

▲縄文時代の道具

∷∷∷∷ 流れで覚える

◆　旧石器時代は地質年代で　**1**　に区分され，　**2**　**時代**であったため，氷期になると海面が下降し日本列島は大陸と陸続きとなり，マンモスなどの大型動物が渡ってきた。人類も渡来し，沖縄県の　**3**　・山下町第一洞人・白保竿根田原洞人，静岡県の　**4**　などが新人段階の化石人骨として発見されている。

◆　1946年，　**5**　が関東ローム層から石を打ち欠いた　**6**　**石器**を発見し，群馬県　**7**　の調査が行われ，旧石器文化の存在が明らかになった。この時代の人々は狩猟と採集の生活を送り，ナイフ形石器や　**8**　を棒の先端につけた石槍を狩猟で用いた。末期には　**9**　と呼ばれる小型の石器が使用された。

◆　今からおよそ1万年前の　**10**　になると，気候が温暖化して海面が上昇し，日本列島が形成された。東日本には落葉広葉樹林，西日本には照葉樹林が広がり，イノシシ，シカなどの中小動物が多くなった。この頃には縄文土器や表面を磨いた　**11**　**石器**も使用された。とくに土器の変化から，縄文時代は草創期・早期・前期・中期・後期・晩期の6期に区分される。

◆　縄文時代は採集経済であった。狩猟では中小動物を捕らえるのに適した　**12**　が発達し，石鏃が使用された。また，木の実を採取し，　**13**　・すり石ですりつぶしていた。海進により海面が上昇したことで漁労も発達し，釣針や銛などの　**14**　が使用されるとともに，網による漁が盛んに行われ，　**15**　・土錘などが使用された。さらに　**16**　で外洋航海も行っていた。

◆　縄文時代の人々は食料が豊富となったため，生活が安定して定住化するようになり，集落を営んだ。集落には地面を掘りこんで屋根を葺いた　**17**　が並び，集落の周囲には貝殻をはじめ，食料の残りかすなどが捨てられて　**18**　が形成された。また，集落間での交易が行われていたことは，長野県和田峠産の　**19**　や，奈良と大阪の境にある　**20**　産のサヌカイトで製作された石器，あるいはヒスイ（硬玉）の分布状況からわかる。

◆　自然と対峙する縄文人たちは，自然を崇拝した。これを　**21**　という。呪術的遺物としては女性をかたどった　**22**　や男性の生殖器を石で表現した石棒がある。また，成人した時などの通過儀礼として　**23**　の風習があり，死者の魂の復活を恐れて屈葬をしたと考えられている。

1 更新世

2 氷河時代

3 港川人

4 浜北人

5 相沢忠洋

6 打製石器

7 岩宿遺跡

8 尖頭器

9 細石器

10 完新世

11 磨製石器

12 弓矢

13 石皿

14 骨角器

15 石錘

16 丸木舟

17 竪穴住居

18 貝塚

19 黒曜石

20 二上山

21 アニミズム

22 土偶

23 抜歯

原始
古墳
飛鳥
奈良
平安
鎌倉
室町
安土桃山
江戸
明治
大正
昭和
平成

時代をつかむ

●弥生文化

時期	特徴	生活	遺跡
紀元前4世紀〜3世紀	▶[水稲耕作] … [金属器] ┊ 大陸（中国・朝鮮）より伝来 ▶[弥生土器]使用 　甕・壺・高杯 ▶北海道と南西諸島除く 　北海道… 　　[続縄文文化] 　南西諸島… 　　[貝塚（後期）文化] ▶首長登場 　➡集落間抗争 　　環濠集落 　　高地性集落	▶水稲農耕（縄文晩期より） 前期：湿田・木製農具 　　　石包丁で穂首刈り 後期：乾田・鉄製農工具 　　　田植え・[高床倉庫] ▶[青銅製祭器]：農耕儀礼 　銅矛・銅戈…九州北部 　（平形）銅剣…瀬戸内海周辺 　銅鐸…近畿地方 ▶墓制：伸展葬・身分の差 　九州北部…甕棺墓 　　　　　　支石墓 　　　　　（朝鮮の影響） 　西日本…墳丘墓 　各地…方形周溝墓	▶水稲農耕 　板付遺跡（福岡） 　菜畑遺跡（佐賀） 　砂沢遺跡（青森） 　登呂遺跡（静岡） ▶環濠集落 　唐古・鍵遺跡（奈良） 　[吉野ヶ里]遺跡（佐賀） 　纒向遺跡（奈良） ▶高地性集落 　紫雲出山遺跡（香川） ▶墳丘墓 　楯築墳丘墓（岡山）

●小国の分立…中国史書にみる日本

時期	中国	史書	日本との関連事項
紀元前1世紀	（前）漢	[『漢書』地理志]	▶倭人…百余国に分立 ▶定期的に楽浪郡に遣使
1世紀	後漢	[『後漢書』東夷伝]	倭の奴国の王が光武帝に遣使（57） ➡「漢委奴国王」の金印を賜る
2世紀			▶倭国王帥（師）升ら 　➡安帝に生口献上（107） ▶倭国大乱（2世紀後半）
3世紀	三国時代 （魏・呉・蜀）	[『魏志』倭人伝] （『三国志』）	[邪馬台国]連合 ▶女王[卑弥呼]…鬼道（呪術）政治 　帯方郡より魏に遣使（239） 　➡「[親魏倭王]」の称号 　身分・政治組織・税制の整備 ▶女王壱与が晋に遣使（266）

∴∴∴ 流れで覚える

◆　大陸から<u>水稲耕作</u>と金属器が伝わり、弥生文化が成立した。福岡県 ⬚ 1 ⬚ や佐賀県 ⬚ 2 ⬚ などの水田跡(<ruby>跡<rt>あと</rt></ruby>)から九州北部では早い段階で水稲耕作が始まっており、青森県<u>砂沢遺跡</u>から弥生前期には東北地方に広がっていたことがわかる。しかし、弥生文化は北海道や南西諸島にはおよばず、北海道では ⬚ 3 ⬚ **文化**、南西諸島では ⬚ 4 ⬚ **文化**とよばれる食料採集文化が続いていた。

◆　前期の水田は地下水位が高い ⬚ 5 ⬚ 田の比重が高かった。耕作では<u>木製農具</u>が使用され、籾を直接播く<u>直播き</u>(<ruby>播<rt>じか</rt></ruby>)だけでなく、<u>田植え</u>も行われていた。収穫は ⬚ 6 ⬚ による穂首刈りが行われ、脱穀には<u>木臼</u>(<ruby>臼<rt>うす</rt></ruby>)と<u>竪杵</u>(<ruby>竪杵<rt>たてきね</rt></ruby>)が用いられ、収穫物は ⬚ 7 ⬚ や貯蔵穴におさめられた。後期には鉄製の農具も使用され、<u>灌漑設備</u>(<ruby>灌漑<rt>かんがい</rt></ruby>)を必要とするが収穫量の多い ⬚ 8 ⬚ 田が広がった。

◆　水田の開発を指導した有力者は首長となり、貧富や身分の差が生まれた。各地で発見された墓では、副葬品がみられ、九州北部では<u>甕棺墓</u>や地上に大石を配した ⬚ 9 ⬚ 、各地では周囲に溝を巡らせた ⬚ 10 ⬚ などがあった。後期になると、西日本各地で大規模な墳丘をもつ墓が出現し、首長の存在がうかがえる。岡山県の<u>楯築墳丘墓</u>(<ruby>楯築墳丘<rt>たてつきふんきゅう</rt></ruby>)はその代表例である。また、首長は農耕儀礼を行い、その際には<u>青銅製祭器</u>が用いられた。近畿地方では ⬚ 11 ⬚ 、瀬戸内海周辺では ⬚ 12 ⬚ 、九州北部では ⬚ 13 ⬚ ・<u>銅戈</u>が分布する。

◆　農耕社会の成立とともに戦いのための武器や防御機能をもった<u>環濠集落</u>や<u>高地性集落</u>が現れ、各地に「クニ」が成立した。こうした状況は、中国の史書からもわかる。 ⬚ 14 ⬚ によると、紀元前1世紀、倭人社会は百余りのクニに分かれ、定期的に朝鮮半島の ⬚ 15 ⬚ 郡に使者を送っていたという。また、 ⬚ 16 ⬚ には、57年に倭の ⬚ 17 ⬚ の王の使者が派遣され、 ⬚ 18 ⬚ から<u>印綬</u>(<ruby>印綬<rt>いんじゅ</rt></ruby>)を受け、107年に倭国王<u>帥升</u>(<ruby>帥<rt>すい</rt></ruby>)らが ⬚ 19 ⬚ 160人を献じたことが記されている。

◆　 ⬚ 20 ⬚ によると2世紀後半の倭国大乱ののち<u>邪馬台国</u>の女王 ⬚ 21 ⬚ が擁立され、小国の連合ができた。 ⬚ 21 ⬚ は<u>帯方郡</u>を通じて魏に遣使し、「 ⬚ 22 ⬚ 」の称号を受けた。この国は租税などの制度も整っていた。こののち ⬚ 21 ⬚ の宗女 ⬚ 23 ⬚ が晋に遣使(<ruby>宗女<rt>そうじょ</rt></ruby>)し、その後、中国の史書で日本の記録はしばらく途切れる。

重要用語チェック

1　板付遺跡
2　菜畑遺跡
3　続縄文文化
4　貝塚(後期)文化

5　湿田
6　石包丁
7　高床倉庫
8　乾田

9　支石墓
10　方形周溝墓
11　銅鐸
12　(平形)銅剣
13　銅矛(鉾)

14　『漢書』地理志
15　楽浪郡
16　『後漢書』東夷伝
17　奴国
18　光武帝
19　生口

20　『魏志』倭人伝
21　卑弥呼
22　親魏倭王
23　壱与

原始 / 古墳 / 飛鳥 / 奈良 / 平安 / 鎌倉 / 室町 / 安土桃山 / 江戸 / 明治 / 大正 / 昭和 / 平成

❖ 時代をつかむ

時期	事項	中国	朝鮮
4世紀	[ヤマト政権] の成立＝畿内中心の連合 　朝鮮半島進出…**鉄資源**の確保 　　**百済**との同盟・**加耶諸国（加羅）** と関係 　　高句麗の「**好太王（広開土王）碑**」 　　　…倭と高句麗の交戦の記事	晋 五胡十六国	
5世紀	[倭の五王] 時代 ▶中国 [宋（南朝）] への遣使　『宋書』倭国伝 　五王＝**讃・珍・済・興・武** ▶ヤマト政権の勢力拡大 　┌埼玉県　**稲荷山古墳出土鉄剣銘** 　└熊本県　**江田船山古墳出土鉄刀銘** 　　　…「**獲加多支鹵大王**」の名 ▶武＝獲加多支鹵大王＝**雄略天皇**	（北朝）北魏　（南朝）宋　　高句麗・百済・新羅	加耶諸国
6世紀	▶支配体制（[氏姓制度]）の確立 ▶朝鮮問題 　高句麗の南下 　百済・新羅の加耶諸国への進出 　**加耶諸国滅亡**（562）		滅亡562

隋　589統一

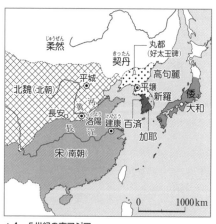

▲4〜5世紀の東アジア

[氏姓制度]（ヤマト政権の支配体制）
▶[氏]：血縁集団を中心とした組織
　支配地…**田荘**　　支配民…**部曲**
▶[姓]：地位を示す称号
　臣…**葛城氏・平群氏・蘇我氏**
　連…**大伴氏・物部氏・中臣氏**
　君・直…地方豪族

▶中央：**大臣・大連**が中心
　伴造…職掌を分担
▶地方：**国造**…地方豪族を任命
　直轄領…**屯倉**　　直轄民…**名代・子代**

▲ヤマト政権の政治制度

⋮⋮⋮ 流れで覚える

◆　3世紀後半，近畿地方を中心に<u>ヤマト政権</u>が成立したと考えられる。中国では，晋，五胡十六国ののち南北朝時代を迎え，朝鮮半島では，中国の東北部で成立した<u>高句麗</u>が楽浪郡を滅ぼして勢力をのばし，<u>馬韓</u>から　1　，<u>辰韓</u>から　2　がおこった。倭国（ヤマト政権）は<u>鉄</u>資源を確保するため，　1　と同盟を結び，朝鮮半島南部の　3　と密接な関係をもった。4世紀末，高句麗の南下に対し，倭国が朝鮮半島に渡り交戦したことが「高句麗　4　碑」に記されている。

◆　『　5　』倭国伝によると，5世紀の間，<u>倭の五王</u>が中国の　6　に朝貢している。これは中国皇帝の権威を借りて朝鮮半島での外交・軍事上の立場を優位にし，国内支配を安定させるためであった。この<u>讃・珍・済・興・武</u>の五王のうち，『<u>日本書紀</u>』では，済は允恭天皇，興は安康天皇，武は　7　天皇にあてられている。熊本県　8　<u>古墳</u>出土鉄刀や，埼玉県　9　<u>古墳</u>出土鉄剣の銘文には「<u>獲加多支鹵大王</u>」の名がみられ，倭王武，　7　天皇と同一人物だと考えられる。これらの遺物からヤマト政権の支配が九州から東国に及んだことが確認できる。

◆　6世紀の朝鮮半島では，<u>高句麗</u>が一段と勢力を強めて南下し，圧迫された　1　・　2　は562年までに　3　を次々と支配下におさめた。その結果，ヤマト政権の勢力は朝鮮半島から後退した。

◆　<u>大王</u>を中心に構成されたヤマト政権は6世紀までに　10　と呼ばれる支配体制を整備した。豪族は血縁を中心に構成された　11　という政治組織に編成され，政権の職務を分担した。大王は　11　に対して地位を表す　12　を与えた。　12　のうち，　13　は葛城氏・<u>蘇我氏</u>など，　14　は<u>大伴氏・物部氏</u>などの有力豪族に，君や直は地方豪族に与えられた。政権の中枢を担ったのは<u>大臣・大連</u>に任じられた有力豪族で，その下で　15　が部を率いて軍事・祭祀などの職掌を分担した。地方豪族は　16　に任じられ地方支配を保証された。また，ヤマト政権は直轄地の　17　，直轄民の　18　の部を各地に設けた。豪族は私有地の　19　や私有民の　20　を領有して経済基盤とした。

重要用語チェック

1　百済
2　新羅
3　加耶諸国（加羅）
4　好太王（広開土王）

5　宋書
6　宋（南朝）
7　雄略天皇
8　江田船山古墳
9　稲荷山古墳

10　氏姓制度
11　氏
12　姓（カバネ）
13　臣
14　連
15　伴造
16　国造
17　屯倉
18　名代・子代
19　田荘
20　部曲

稲荷山古墳▶
出土鉄剣

原始
古墳
飛鳥
奈良
平安
鎌倉
室町
安土桃山
江戸
明治
大正
昭和
平成

古墳文化

❖❖❖ 時代をつかむ

●古墳文化の推移…3世紀後半～7世紀

時期	外形など	内部など	具体例
前期	畿内中心 [前方後円墳]	竪穴式石室(粘土槨) 副葬品…鏡・玉など 被葬者…司祭者的性格	箸墓古墳(奈良)
中期	全国～拡大 前方後円墳	竪穴式石室 副葬品…武具・[馬具] 被葬者…武人的性格	大仙陵古墳(大阪) 誉田御廟山古墳(大阪) 造山古墳(岡山)
後期	[群集墳]	横穴式石室(玄室・羨道) 副葬品…土師器・須恵器 有力農民層の台頭	新沢千塚古墳群(奈良) 吉見百穴(埼玉)

●大陸文化の伝来と生活

▶ 渡来人：弓月君…養蚕・機織を伝える,秦氏の祖

　　　　　阿知使主…文筆に優れる,東漢氏の祖

　　　　　王仁…『論語』『千字文』もたらす,西文氏の祖

　　　　　技術者集団に組織…韓鍛冶部・錦織部・陶作部・鞍作部など

▶ 漢字の使用：外交文書や記録の作成…史部

▶ [儒教]の伝来：6世紀,百済から五経博士が来日し,伝える

▶ [仏教]の伝来：百済より伝来。聖明王から欽明天皇へ

▶ 土器の発達：土師器(弥生土器の系譜)・須恵器(朝鮮から伝わる)

▶ 農耕儀礼：[祈年の祭](収穫を願う)・[新嘗の祭](収穫を感謝)

▶ 社の形成：大神神社(三輪山・奈良),宗像大社(沖ノ島・福岡)

▶ 呪術的風習：禊・祓…穢れをはらい,災いを免れる

　　　　　　　[太占(の法)]…鹿の肩甲骨を焼いて吉凶を占う

　　　　　　　[盟神探湯]…熱湯に手を入れ,火傷の有無で真偽を確かめる神判

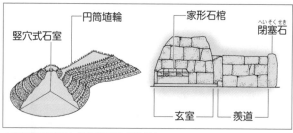

▲竪穴式石室(左)と横穴式石室の内部(右)

▲形象埴輪

⋮⋮⋮ 流れで覚える

◆　国内統一が進んだ3世紀後半～4世紀の古墳時代前期になると，大規模な古墳が西日本を中心に現れた。この頃，古墳の外形は　1　が多く，棺をおさめる埋葬施設は　2　で，特定の個人を葬るものであった。墳丘上には埴輪が並べられ，表面は葺石でふかれた。副葬品は　3　をはじめとする銅鏡や碧玉製腕飾りなどで，被葬者の司祭者的性格がうかがえる。

◆　5世紀の古墳時代中期には大阪府の　4　古墳（仁徳天皇陵）のような巨大な古墳が平野部につくられ，大王の権力が強くなったことを示している。副葬品の占める割合も鉄製の武器など武具が多くなり，乗馬の風習をうかがわせる馬具も加わり，被葬者が武人的性格をもっていたことがわかる。

◆　6世紀の古墳時代後期には玄室や羨道を備え，追葬が可能な　5　が一般化し，墳丘上には人物・動物などの　6　が並べられた。古墳は，各地で小規模な古墳が数多く集まる　7　が営まれるようになった。これは有力農民の台頭を表している。副葬品は弥生土器の系譜を引く　8　や，朝鮮から技術が伝わった硬質な　9　が多くみられる。

◆　5世紀になると，朝鮮からの渡来人によりさまざまな技術が伝えられた。『日本書紀』や『古事記』では，機織の技術を伝えた　10　は秦氏の祖，文筆の能力に優れた　11　は東漢氏の祖，『論語』『千字文』をもたらした　12　は西文氏の祖とされている。渡来人は，鉄製品を加工する韓鍛冶部・織物をつくる錦織部・　9　を製作する陶作部などの技術者集団に組織された。

◆　外交などの必要から漢字の使用が始まり，史部がそれを扱った。6世紀になると，百済から　13　が来日して儒教が伝えられた。仏教も百済の　14　王から　15　天皇に伝えられ，その伝来年については，『　16　』『元興寺縁起』は538年，『　17　』は552年としており，前者の説が有力である。

◆　古墳時代には農耕儀礼が発達し，春に豊作を祈る　18　や秋に収穫を感謝する　19　が行われた。また，穢れをはらう禊・祓や，吉凶を占う　20　，裁判に際して熱湯に手を入れる　21　のような風習も行われた。

重要用語チェック

1 前方後円墳
2 竪穴式石室
3 三角縁神獣鏡
4 大仙陵古墳
5 横穴式石室
6 形象埴輪
7 群集墳
8 土師器
9 須恵器
10 弓月君
11 阿知使主
12 王仁
13 五経博士
14 聖明王
15 欽明天皇
16 上宮聖徳法王帝説
17 日本書紀
18 祈年の祭（祈年祭）
19 新嘗の祭（新嘗祭）
20 太占（の法）
21 盟神探湯

原始／古墳／飛鳥／奈良／平安／鎌倉／室町／安土桃山／江戸／明治／大正／昭和／平成

5	推古朝の政治・外交と飛鳥文化

◆◆◆ 時代をつかむ

●6世紀からの推古朝の政治・外交

天皇	内政	外交	中国	朝鮮		
継体	大伴氏台頭 ➡継体天皇擁立（507） 磐井の乱（527）	高句麗の南下 百済，加耶4県併合 （512）	南北朝	高句麗	百済	加耶諸国 滅亡 562
欽明	[仏教伝来]（538）◀ 大伴金村失脚（540） 蘇我氏と物部氏の対立 　蘇我稲目（崇仏派） 　物部尾輿（排仏派）	百済の聖明王より 加耶諸国滅亡（562）			新羅	
用明	蘇我馬子が物部守屋ほろぼす （587）					
崇峻	崇峻天皇殺害（592）					
[推古]	蘇我馬子と厩戸王（聖徳太子）が協力 冠位十二階（603） 憲法十七条（604）	新羅出兵計画 [遣隋使] 派遣（607）	隋 589			

●飛鳥文化…高句麗・百済からの渡来僧➡中国南北朝様式の影響

項目	内容・作品など
仏教	▶[氏寺]の建立：四天王寺・法隆寺（斑鳩寺）（厩戸王）， 　　　　　　　飛鳥寺（法興寺）（蘇我馬子），広隆寺（秦河勝） ▶渡来僧：観勒（百済）…暦　曇徴（高句麗）…紙・墨・絵の具
彫刻	▶仏像彫刻：北魏（北朝）様式と南梁（南朝）様式 　飛鳥寺釈迦如来像（金銅像） 　法隆寺金堂釈迦三尊像（金銅像）… 鞍作鳥（止利仏師） 　法隆寺百済観音像（木像） 　中宮寺半跏思惟像・広隆寺半跏思惟像（ともに木像） ▲法隆寺金堂釈迦三尊像
工芸	法隆寺玉虫厨子・中宮寺天寿国繍帳（刺繍）
絵画	法隆寺玉虫厨子須弥座絵（密陀絵）

∵∴∴∵ 流れで覚える

◆　6世紀初め，大連の　**1**　が政治を主導したが，加耶4県の支配権を百済に認めたことが失政とされ失脚した。一方で，新羅と結んだ筑紫国造　**2**　による反乱が起こり（　**2**　の乱），これを鎮圧した　**3**　が台頭した。その頃，渡来人と結び，財政を握った　**4**　氏も台頭した。

◆　**1**　が勢力を失い，6世紀中頃には，　**4**　氏と物部氏が対立した。6世紀末，大臣　**5**　は大連　**6**　を滅ぼし，592年，　**7**　天皇を暗殺して権力を握った。

◆　女帝の　**8**　天皇が即位し，　**5**　が中心となり，天皇の甥である厩戸王（聖徳太子）と協力しながら政治をとることになった。603年には　**9**　が定められ，功績に応じて冠位が豪族に与えられた。604年には　**10**　が定められ，豪族たちに官吏として守るべき道が示された。こうして国家体制の整備が進められた。

◆　中国では589年に隋が南北朝を統一した。600年には遣隋使が派遣され，中国との外交が再開された。607年には大使　**11**　が隋へ渡って皇帝の　**12**　に国書を提出した。この時の国書は中国皇帝に臣属しない形式をとっていたため，皇帝から無礼とされた。翌年，隋から答礼使　**13**　が来日し，その帰国の際，隋に留学生　**14**　や，学問僧旻らが同行した。618年には隋が滅亡して唐が成立し，630年に　**15**　を遣唐使として派遣した。

◆　7世紀前半，高句麗・百済を通じて中国南北朝の影響を受けた　**16**　文化が広がった。仏教を信仰する豪族は氏寺を建立し，それは古墳にかわる権威の象徴となった。その代表は蘇我氏が建立した　**17**　や，厩戸王創建とされる　**18**　や四天王寺である。知識はおもに渡来僧から伝わり，暦を伝えた百済の　**19**　や，墨や絵の具を伝えた高句麗の　**20**　が有名である。

◆　**16**　文化の仏像は，　**21**　が制作した法隆寺金堂釈迦三尊像や，中宮寺と広隆寺にある　**22**　像が有名である。また，工芸品には法隆寺の　**23**　や中宮寺天寿国繍帳がある。

重要用語チェック

1　大伴金村
2　磐井
3　物部麁鹿火
4　蘇我氏

5　蘇我馬子
6　物部守屋
7　崇峻天皇

8　推古天皇
9　冠位十二階
10　憲法十七条

11　小野妹子
12　煬帝
13　裴世清
14　高向玄理
15　犬上御田鍬

16　飛鳥文化
17　飛鳥寺（法興寺）
18　法隆寺（斑鳩寺）
19　観勒
20　曇徴

21　鞍作鳥（止利仏師）
22　半跏思惟（弥勒菩薩）像
23　玉虫厨子

原始
古墳
飛鳥
奈良
平安
鎌倉
室町
安土桃山
江戸
明治
大正
昭和
平成

◈◈ 時代をつかむ

● 律令国家の形成

天皇	内政	外交	中国	朝鮮	
舒明	蘇我氏 (蝦夷・入鹿) 中心	[遣唐使] 派遣 (630〜)			
皇極	山背大兄王自殺 (643) 乙巳の変 (645) ➡ 蘇我氏滅亡		高句麗	百済 滅亡 660	新羅
孝徳	[大化の改新] (645〜) 中大兄皇子・中臣鎌足 難波宮遷都 ➡ 改新の詔 (646)				
斉明	(皇極天皇の重祚)	百済滅亡 (660)			
中大兄皇子の称制 (661〜67)	水城・朝鮮式山城築造 近江大津宮遷都 (667)	[白村江の戦い] (663)	唐 618	滅亡 668	
天智	近江令制定 (668?) [庚午年籍] 作成 (670) [壬申の乱] (672)	高句麗滅亡 (668)			統一 676
天武	飛鳥浄御原宮遷都 (672) 八色の姓制定 (684)	新羅の半島統一 (676)			
持統	飛鳥浄御原令施行 (689) 庚寅年籍作成 (690) 藤原京遷都 (694)			新羅	
文武	[大宝律令] 制定 (701)				

● 白鳳文化 … 中国の初唐の影響を受ける

項目	内容・作品など
仏教	天武・持統朝…国家仏教の形成・官寺の建立 (大官大寺・薬師寺)
彫刻	興福寺仏頭 (もと山田寺の仏像) 薬師寺金堂薬師三尊像
絵画	法隆寺金堂壁画 (1949年に焼損, インドや西域の影響) 高松塚古墳壁画 (中国や朝鮮半島の影響, 男女群像・四神の図など)
その他	漢詩文・和歌 (柿本人麻呂・額田王ら)

:::::: 流れで覚える

◆　推古天皇の没後，**蘇我** `1` ・**蘇我** `2` 父子が権力をふるい，643年に厩戸王の子である `3` を自殺に追い込んだ。その後，645年，皇族の `4` は中臣鎌足らと協力して蘇我氏を滅ぼした（乙巳の変）。そして `5` **天皇**が即位し，`4` を皇太子，阿倍内麻呂を左大臣，蘇我倉山田石川麻呂を右大臣，中臣鎌足を内臣，中国への留学経験がある `6` と僧 `7` を国博士とする新政権が成立した。都は飛鳥から `8` へ移り，翌年には改新の詔が出されて公地公民制をめざす政策が打ち出された。地方行政組織として「評」をおき，もとの国造などの地方豪族をその役人とした。こうした一連の改革を大化の改新という。

◆　朝鮮半島では，唐と新羅が結び，660年に百済を滅ぼした。倭は百済復興のため大軍を派遣したが，663年，`9` の戦いで敗北した。この後，唐・新羅は668年に高句麗も滅ぼし，676年には新羅が朝鮮半島を統一した。一方，国内では国防政策が進み，大宰府を守るために `10` が築かれ，西日本を中心に大野城など朝鮮式山城が設置された。

◆　`4` は斉明天皇（皇極天皇の重祚）の死後，7年間の称制ののち，667年 `11` に遷都し，翌年，即位して天智天皇となった。そして670年には初の戸籍である `12` を作成した。

◆　天智天皇の死後，672年，子の `13` と弟の `14` とで皇位継承を巡り，`15` が起こった。`14` は東国からの軍事動員に成功して `13` の近江朝廷を倒し，翌年，飛鳥浄御原宮で即位した（天武天皇）。天皇は官僚制の整備を進めるとともに，684年，`16` を定めて豪族の身分秩序を再編成した。また，銭貨の鋳造や，律令・国史の編纂などを進めた。

◆　天武天皇の死後，皇位を継いだ皇后の `17` 天皇は689年，`18` を施行し，翌年には庚寅年籍を作成して人民の把握を進めた。そして，694年には中国の都城制にならった `19` に遷都した。

◆　7世紀後半の天武・持統朝が中心の文化を `20` 文化という。天武天皇によって薬師寺や大官大寺などの官立寺院が建立されるなど国家仏像が形成された。彫刻ではもと山田寺の仏像であった `21` ，絵画ではインドや西域の影響を受けた `22` ，中国や朝鮮半島の影響とされる `23` がある。

重要用語チェック

1 蘇我蝦夷
2 蘇我入鹿
3 山背大兄王
4 中大兄皇子
5 孝徳天皇
6 高向玄理
7 旻
8 難波宮
9 白村江の戦い
10 水城
11 近江大津宮
12 庚午年籍
13 大友皇子
14 大海人皇子
15 壬申の乱
16 八色の姓
17 持統天皇
18 飛鳥浄御原令
19 藤原京
20 白鳳文化
21 興福寺仏頭
22 法隆寺金堂壁画
23 高松塚古墳壁画

◆◆◆ 時代をつかむ

●官制

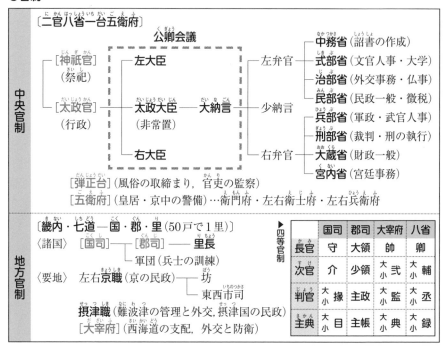

〔二官八省一台五衛府〕

公卿会議

中央官制		
[神祇官]（祭祀）		左弁官 ── 中務省（詔書の作成）／式部省（文官人事・大学）／治部省（外交事務・仏事）／民部省（民政一般・徴税）
[太政官]（行政）	左大臣／太政大臣 ── 大納言（非常置）／右大臣	少納言
		右弁官 ── 兵部省（軍政・武官人事）／刑部省（裁判・刑の執行）／大蔵省（財政一般）／宮内省（宮廷事務）

[弾正台]（風俗の取締まり，官吏の監察）
[五衛府]（皇居・京中の警備）…衛門府・左右衛士府・左右兵衛府

〔畿内・七道—国・郡・里（50戸で1里）〕

〈諸国〉　[国司]──[郡司]──里長
　　　　　　　　　軍団（兵士の訓練）
〈要地〉　左右京職（京の民政）── 坊
　　　　　　　　　　　　　　── 東西市司
　　　　摂津職（難波津の管理と外交，摂津国の民政）
　　　　[大宰府]（西海道の支配，外交と防衛）

▶四等官制	国司	郡司	大宰府	八省
長官	守	大領	帥	卿
次官	介	少領	大／少弐	大／少輔
判官	大／少掾	主政	大／少監	大／少丞
主典	大／少目	主帳	大／少典	大／少録

●公民の負担

区分	正丁（21～60歳男子）	次丁（老丁）（61～65歳男子）	中男（少丁）（17～20歳男子）	その他
[庸]（歳役）	都で歳役10日のかわりに布2丈6尺を納入	正丁の1/2	なし	公民の負担による運脚で都に運ばれる
[調]	絹・糸・布など郷土の産物	正丁の1/2	正丁の1/4	
[雑徭]	年間60日を限度とする労役	正丁の1/2	正丁の1/4	国衙での労役
[租]	田1段につき2束2把（収穫の約3%）を納入			諸国で貯蔵
出挙	春に稲を貸付け，秋に5割の利息で回収（のち租税化）			諸国の財源
義倉	戸の等級に応じて粟を納入			備荒貯蓄
仕丁	50戸につき正丁2人を3年間徴発			中央官司の労役
兵役	正丁3～4人に1人の割合で徴発し，諸国の軍団に配属　[衛士]（皇居警備1年），[防人]（北九州警備3年）			衛士・防人は調・庸・雑徭免除

🔵 流れで覚える

◆　文武天皇の701年，刑部親王や藤原不比等らにより　1　が制定され，律令が完成した。律は刑罰規定，令は行政組織や官人制，租税などの規定であった。

◆　中央には，祭祀をつかさどる　2　と行政を管轄する　3　の二官があり，そのもとで詔書の作成を扱う　4　や文官の人事などを担当する　5　，仏事・外交事務を扱う　6　など八省が政務を分担した。行政の運営は有力貴族から任命された太政大臣（非常置）・左右大臣・大納言らの公卿が審議し，天皇の許可を得て進められた。

◆　地方組織としては，全国が畿内・七道に区分され，その下に国・郡・里が置かれた。諸国には　7　が中央から派遣され，国府（国衙）を拠点に国内を統治した。その下で地方豪族から任命された　8　が，郡家（郡衙）を拠点に地方の実務を担当した。都には左右　9　，難波には　10　，西海道（九州）の統轄には　11　が置かれた。

◆　律令制下で官吏は朝廷内の序列を表す位階を与えられ，　12　制により位階に応じた官職に任じられた。そして，位階や官職に応じて封戸・田地などの給与が与えられ，調・庸・雑徭など人頭税の負担は免除された。また，五位以上の官人の子・三位以上の官人の子と孫には，成人すると一定の位階が与えられる　13　があり，貴族層の維持がはかられた。刑罰は笞・杖・徒・流・死の　14　があり，貴族は減刑された。しかし，天皇・国家・尊属に対する重罪である　15　は，貴族でも実刑を受けた。また，身分には良民と賤民があり，賤民は陵戸・官戸・公奴婢・家人・私奴婢の五色の賤に分けられていた。

◆　民衆は戸を単位として戸籍・計帳に登録され，　16　戸を単位に里が編成された。民衆は6歳以上になると　17　により，6年ごとに作成される戸籍に基づいて一定の　18　が班給された。また，民衆にはさまざまな租税が課された。田地にかけられた　19　は収穫の約3％の稲を諸国に納めるものであった。毎年作成する計帳に基づいて，成年男子は地方の特産物を納める　20　，布2丈6尺を納める　21　を，公民の負担となる運脚で都に運んで中央政府に納めた。国司の命で60日以内の労働をする　22　や，春に稲を貸し，秋に利息とともに徴収する　23　もあった。

重要用語チェック

1　大宝律令

2　神祇官
3　太政官
4　中務省
5　式部省
6　治部省

7　国司
8　郡司
9　京職
10　摂津職
11　大宰府

12　官位相当制
13　蔭位の制
14　五刑
15　八虐

16　50戸
17　班田収授法
18　口分田
19　租
20　調
21　庸
22　雑徭
23　出挙

原始
古墳
飛鳥
奈良
平安
鎌倉
室町
安土桃山
江戸
明治
大正
昭和
平成

❖❖❖ 時代をつかむ

●平城京

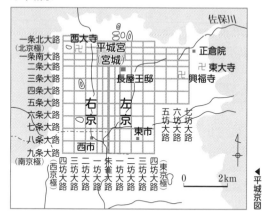

▲平城京図

◀和同開珎

◀駅鈴
駅馬利用の資格を
示す鈴

●奈良時代の外交

[唐]	20年１度の割合で遣唐使派遣 多い時は500人が４隻の船で渡海 航路は北路から南路へ
[新羅]	７世紀以来使節の往来 新羅を従属国扱いしたため関係悪化
[渤海]	靺鞨族や旧高句麗人が建国 唐・新羅との対抗関係から使節の往来 日本海沿岸の松原・能登客院に来航

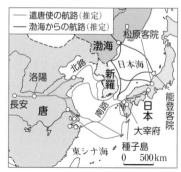

―― 遣唐使の航路（推定）
―― 渤海からの航路（推定）

▲遣唐使の行路

●国域の拡大

東北経営	孝徳朝：淳足柵（647）・磐舟柵（648）の設置 斉明朝：阿倍比羅夫の秋田・津軽遠征（658） 元明朝：出羽柵（708）➡［出羽国］の設置（712） 聖武朝：［多賀城］の設置（724）…陸奥国府と鎮守府
南西諸島	大隅国の設置（713）…隼人の平定 奄美大島・屋久島なども帰属

▲ 柵または城
（）城柵の設置年代

志波城（803）
秋田城（733）
胆沢城（802）
出羽柵（708）
磐舟柵（648）
淳足柵（647）
多賀城（724）

陸奥
出羽
越後

米代川
雄物川
最上川
北上川

東北地方の平定▶

::::: 流れで覚える

◆　710年，元明天皇は藤原京から　**1**　へ遷都した。都は唐の都　**2**　にならい，　**3**　により東西・南北に走る道路で区画され，中央を南北に走る　**4**　で左京と右京に分かれた。宮城（大内裏）には天皇の生活の場である　**5**　や儀式で天皇が出御する大極殿，政務や儀礼を行う朝堂院などが置かれ，京には貴族・官人や庶民の住宅，大寺院が建ち，左・右京に開かれた官設の市は　**6**　が監督した。

◆　天武天皇のころ，　**7**　が銭貨として鋳造された。708年には　**8**　国の銅が元明天皇に献上され，それを契機に，政府は元号を　**9**　と改め，　**10**　を鋳造した。政府は銭貨の流通を促進するため，711年，　**11**　を出したが，京・畿内を中心とした地域でしか流通しなかった。これ以降，銭貨がたびたび鋳造され，村上天皇の時代に鋳造された　**12**　までの銭貨を総称して本朝（皇朝）十二銭という。

◆　中央と地方を結ぶ交通制度として　**13**　がしかれた。大和・山背・摂津・河内・和泉国の畿内を中心に東海・東山・北陸・山陰・山陽・南海・西海道の七道が都と諸国府を結ぶ官道として整備され，約16kmごとに　**14**　が置かれ，官吏が公用で利用した。

◆　7世紀後半の天武・持統朝には遣唐使が派遣されなかったが，大宝律令制定後に再開され，定期的に派遣された。多いときは約500名の人々が4隻の船で渡海した。使節や留学生・学問僧は唐のさまざまな文物を伝えたが，なかには玄宗皇帝に重用された　**15**　のように中国で客死する者もいた。　**16**　とは盛んな使節の往来があったが，日本が従属国として扱おうとしたため関係は悪化した。7世紀末に中国東北部に住む民族により成立した　**17**　は，唐・　**16**　との対抗関係から日本と友好的に交流した。

◆　国家体制の整備が進むと政府は支配領域の拡大に努め，東北地方の　**18**　とよばれた人々に対して，7世紀半ばに淳足柵・磐舟柵を設け，斉明天皇の時代には　**19**　が派遣された。8世紀には，日本海側に　**20**　国が置かれ，太平洋側には　**21**　が築かれて陸奥国府と鎮守府が置かれた。また，南九州の隼人とよばれた人々の地域には，8世紀初めに薩摩国，ついで　**22**　国が置かれた。

重要用語チェック

1 平城京
2 長安
3 条坊制
4 朱雀大路
5 内裏
6 市司

7 富本銭
8 武蔵国
9 和銅
10 和同開珎
11 蓄銭叙位令
12 乾元大宝

13 駅制
14 駅家

15 阿倍仲麻呂
16 新羅
17 渤海

18 蝦夷
19 阿倍比羅夫
20 出羽国
21 多賀城
22 大隅国

原始／古墳／飛鳥／奈良／平安／鎌倉／室町／安土桃山／江戸／明治／大正／昭和／平成

❖❖❖ 時代をつかむ

●奈良時代の政争

天皇	権力者	内政
文武	[藤原不比等]	「大宝律令」制定（701）
元明		[平城京] 遷都（710） 養老律令制定（718）
元正	[長屋王]（天武天皇の孫）	百万町歩の開墾計画（722） 三世一身法（723） 光明子立后問題➡長屋王の変（729）
[聖武]	藤原四子 南家…武智麻呂　　北家…房前 式家…宇合　　　　京家…麻呂	光明子立后（729）
	[橘諸兄] 吉備真備・玄昉の台頭	藤原広嗣の乱（740）…大宰府で挙兵 恭仁京遷都（740） 　➡国分寺建立の詔（741） 大仏造立の詔（743）　　　＼…紫香楽宮 墾田永年私財法（743）　／　で出す 難波宮遷都（744）➡紫香楽宮遷都（744） 平城京へかえる（745） 大仏開眼供養（752）
孝謙		
淳仁	[藤原仲麻呂]（南家） 光明皇太后の信任で台頭	養老律令施行（757） 橘奈良麻呂の変（757） 恵美押勝の乱（764）➡仲麻呂の敗死
[称徳]	[道鏡] 称徳天皇（孝謙の重祚）の寵愛	仏教政治：太政大臣禅師➡法王 宇佐八幡神託事件（769）
光仁	[藤原百川]（式家）	伊治呰麻呂の乱（780）

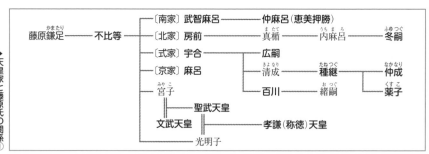

▶天皇家と藤原氏の関係①

藤原鎌足────不比等────〔南家〕武智麻呂────仲麻呂（恵美押勝）

〔北家〕房前────真楯────内麻呂────冬嗣

〔式家〕宇合────広嗣

〔京家〕麻呂

清成────種継────仲成

百川────緒嗣────薬子

宮子

文武天皇──聖武天皇

孝謙（称徳）天皇

光明子

∷∷∷∷ 流れで覚える

◆　藤原不比等は娘の宮子を　 1 　に嫁がせて天皇家との関係を深め，718年には　 2 　を制定するなど藤原氏発展の基礎を築いた。不比等の死後には　 3 　が右大臣から左大臣となり政権を握った。不比等の子である南家の　 4 　，北家の　 5 　，式家の　 6 　，京家の麻呂の藤原四子は729年，　 3 　を策謀により自殺に追い込んだ。その後，藤原四子は不比等の娘　 7 　を聖武天皇の皇后に立てたが，737年，流行した疫病により相次いで病死した。

◆　藤原四子の死後，皇族出身の　 8 　が実権を握り，唐から帰国した地方豪族の　 9 　や僧の　 10 　が聖武天皇の信任で台頭した。それに不満を持つ式家の　 11 　は，740年，大宰府で反乱を起こしたが鎮圧された。疫病や乱などに動揺した天皇は，都を転々と移し，仏教の持つ鎮護国家の思想により国家の安定をはかろうとした。741年には　 12 　の詔を出し，743年には近江の紫香楽宮で　 13 　の詔を出した。752年には大仏の開眼供養が行われた。

◆　孝謙天皇の時代には，光明皇太后の信任を得た　 14 　が台頭し，　 2 　を施行した。　 15 　は　 14 　を倒そうとしたが，757年，発覚して鎮圧された。その後，　 14 　は淳仁天皇を擁立して天皇より恵美押勝の名を賜った。孝謙太上天皇の寵愛を受けた　 16 　が台頭すると，　 14 　は764年に挙兵したが敗死し，淳仁天皇は廃されて淡路に流された。

◆　孝謙太上天皇が重祚した　 17 　のもと，　 16 　は太政大臣禅師，法王となり仏教政治を行った。769年，　 17 　が神託によって　 16 　に皇位を譲ろうとしたが　 18 　に阻止されるという　 19 　が起こった。　 17 　の死後，　 16 　は失脚し，下野国の薬師寺に左遷された。次の皇位には，式家の　 20 　らにより，天智天皇の孫の　 21 　がつき，律令政治と国家財政の再建をめざした。

◆　政府は口分田不足解消と税収確保のため，722年百万町歩の開墾計画を，翌年には開墾した田地について期限付きで保有を認める　 22 　を施行した。743年には，　 23 　を発し，開墾した土地の永久私有を認め，政府が開墾を掌握して土地支配を強化した。一方で，貴族や大寺院は大規模な原野の開墾を行い，　 24 　が形成された。これらの私有地は国司・郡司の支配機構に依存して経営され，租を納める輸租田であった。

重要用語チェック

1 文武天皇

2 養老律令

3 長屋王

4 武智麻呂

5 房前

6 宇合

7 光明子

8 橘諸兄

9 吉備真備

10 玄昉

11 藤原広嗣

12 国分寺建立の詔

13 大仏造立の詔

14 藤原仲麻呂

15 橘奈良麻呂

16 道鏡

17 称徳天皇

18 和気清麻呂

19 宇佐八幡神託事件

20 藤原百川

21 光仁天皇

22 三世一身法

23 墾田永年私財法

24 初期荘園

原始
古墳
飛鳥
奈良
平安
鎌倉
室町
安土桃山
江戸
明治
大正
昭和
平成

時代をつかむ

項目		内容・作品など
仏教		▶[鎮護国家]の思想…仏教によって国家の安定をはかる ▶**南都六宗**…教理研究 　**法相宗・三論宗・成実宗・倶舎宗・華厳宗・律宗** ▶戒律の伝来←鑑真の来朝 　本朝(天下)三戒壇…**東大寺・筑紫観世音寺・下野薬師寺** ▶社会事業 　**行基**…禁じられていた民間布教を進める 　光明皇后…**悲田院・施薬院**設置 ▶[神仏習合]思想のおこり
美術	建築	寺院や宮殿に礎石・瓦を用いる **東大寺法華堂・法隆寺伝法堂・唐招提寺講堂**・金堂 **正倉院宝庫**
	彫刻	**塑像**…粘土を塗り固める　　**乾漆像**…麻布を漆で塗り固める **東大寺法華堂不空羂索観音像**(乾漆像) **東大寺法華堂日光・月光菩薩像**(塑像) **東大寺法華堂執金剛神像**(塑像) **興福寺八部衆像—阿修羅像**(乾漆像) **唐招提寺鑑真像**(乾漆像)
	絵画	**正倉院鳥毛立女屏風**(樹下美人図) **薬師寺吉祥天像** 「**過去現在絵因果経**」…絵巻物の源流
	その他	[**正倉院**]**宝物**…聖武天皇の遺品 　**螺鈿紫檀五絃琵琶**など
文学		▶国史の編纂 　『[**古事記**]』…「帝紀」「旧辞」を**稗田阿礼**が暗誦,**太安万侶**が筆録 　『[**日本書紀**]』…**舎人親王**らが編纂,漢文の編年体 　『**風土記**』…常陸・出雲(完本)・播磨・豊後・肥前のものが現存 ▶漢詩文:『[**懐風藻**]』…現存最古の漢詩集 ▶和歌:『[**万葉集**]』…約4500首,万葉仮名
教育		**大学**…貴族の子弟,**式部省**の管轄 **国学**…郡司の子弟 **芸亭**…石上宅嗣,私設図書館

▲唐招提寺鑑真像

∷∷ 流れで覚える

◆　奈良時代は　1　の思想により，仏教による国家の安定がめ
ざされた。平城京の大寺院ではさまざまな教理研究が進み，道昭
が伝えた　2　をはじめ三論・成実・倶舎・華厳・律の　3
といわれる学派が形成された。代表的な僧侶として，僧尼令で禁
じられていた民間布教をしたことにより弾圧を受けたものの，後
に東大寺建立に協力した　4　や，聖武天皇の信任により政界
で活躍した　5　などがいた。

◆　正式な僧侶になるためには　6　して修行し，受戒すること
が必要であった。唐の高僧　7　は正式な戒律のあり方を伝え，
東大寺に　8　を設け，のちに　9　を創建し，そこで死去
した。一方で，光明皇后は仏教思想に基づき，孤児・病人を収容
する　10　や医療にあたる　11　を設けた。

◆　建築では，寺院や宮殿に礎石・瓦を用いたものが建てられ，東
大寺法華堂や　9　講堂などが有名である。彫刻では，粘土を塗
り固めた　12　や，麻布を漆で固めた　13　の技法が発達し，
12　の代表が東大寺の　14　菩薩像・執金剛神像で，　13
の代表が東大寺法華堂の　15　像や興福寺八部衆の　16
像である。絵画の作品では，正倉院に伝わる　17　の樹下美人
図や薬師寺に伝わる　18　などが代表的である。

◆　天武天皇の命により編纂が始められた国史は，奈良時代に完成
した。『　19　』は，「帝紀」「旧辞」をもとに稗田阿礼が暗誦し
た内容を太安万侶が筆録，712年に完成した。『　20　』は漢文
の編年体で書かれ，舎人親王が中心となり編纂され，720年に完
成した。713年には諸国に郷土の産物や伝承などの筆録を命じ，
『　21　』が編纂されたが，ほぼ完全な状態で残っているのは，
22　国のものだけである。また，現存する最古の漢詩集
『　23　』や，天皇から民衆までの和歌を収録した『　24　』
も編集された。

◆　教育機関としては，官吏養成のため，中央には式部省の管轄す
る　25　，地方には　26　が置かれ，　25　では貴族の子弟
などが，　26　では郡司の子弟が学んだ。教科は儒教を学ぶ
27　，律令などを学ぶ　28　が中心であった。

重要用語チェック

1 鎮護国家
2 法相宗
3 南都六宗
4 行基
5 玄昉
6 得度
7 鑑真
8 戒壇
9 唐招提寺
10 悲田院
11 施薬院
12 塑像
13 乾漆像
14 日光・月光菩薩像
15 不空羂索観音像
16 阿修羅像
17 鳥毛立女屛風
18 吉祥天像
19 古事記
20 日本書紀
21 風土記
22 出雲国
23 懐風藻
24 万葉集
25 大学
26 国学
27 明経道
28 明法道

原始　古墳　飛鳥　奈良　平安　鎌倉　室町　安土桃山　江戸　明治　大正　昭和　平成

25

◆◆◆ 時代をつかむ

●平安初期の政治

天皇	関係者	事件など	令外官・法典
[桓武]	藤原種継	長岡京遷都（784） 藤原種継暗殺事件（785） [平安京] 遷都（794）	健児の制採用 勘解由使設置 征夷大将軍設置
平城	藤原薬子・仲成		官司の整理統合
[嵯峨]	藤原冬嗣	平城太上天皇の変（薬子の変） （810）	蔵人頭設置 検非違使設置 弘仁格式制定

●弘仁・貞観文化

項目		内容
	仏教	▶[最澄]…天台宗，比叡山延暦寺 　　　　大乗戒壇設立運動，『山家学生式』『顕戒論』を著す 　円仁・円珍の入唐➡密教化（台密） 　　➡のち山門派（＝延暦寺）と寺門派（＝園城寺）の対立 ▶[空海]…真言宗，高野山金剛峰寺・教王護国寺（東寺）（東密） 　　　　『三教指帰』『十住心論』を著す ▶[密教] が伝来し，貴族は加持祈禱による現世利益を追求 ▶神仏習合…神宮寺・神前読経・修験道
美術	建築	室生寺金堂　檜皮葺の屋根
	彫刻	一木造・翻波式 観心寺如意輪観音像・元興寺薬師如来像 薬師寺僧形八幡神像
	絵画	教王護国寺両界曼荼羅・神護寺両界曼荼羅 園城寺不動明王像（黄不動）
	書道	唐風書道。三筆…嵯峨天皇・空海・橘逸勢
文学	漢詩文	勅撰漢詩文集…『凌雲集』『文華秀麗集』『経国集』 『性霊集』『文鏡秘府論』（空海）
	その他	『日本霊異記』（景戒）…最古の説話集
	教育	▶[大学別曹]：勧学院（藤原氏）・学館院（橘氏） 　　　　　　　奨学院（在原氏）・弘文院（和気氏） ▶綜芸種智院（空海）

▲観心寺如意輪観音像

流れで覚える

◆　　　1　　天皇は天皇権力を強化するため，784年，　2　に遷都した。しかし，造都を主導した藤原式家の　3　が暗殺されるなど造都は進まず，794年，　4　に遷都した。東北では光仁天皇の時代，780年に蝦夷の豪族伊治呰麻呂が反乱をおこし，それ以来，争乱が続いていた。そのため，　1　天皇は　5　を征夷大将軍に任命して東北に派遣した。　5　は802年に　6　を築いて鎮守府を移し，阿弖流為を服属させ，翌年，志波城を築いた。しかし，805年の徳政論争を契機に，　1　天皇は都の造営と東北経営を民衆の負担と考え，中止した。

◆　　　1　　天皇は地方政治安定のため，国司交替の際の引継ぎを監督する　7　を設置した。また，唐の衰退などで対外的な緊張が緩和したことを受けて，東北・九州を除いて軍団や兵士を廃止し，かわりに郡司の子弟などによる　8　の制を採用した。

◆　　　9　　天皇の即位後，　10　太上天皇（上皇）が平城京への遷都を命令し，天皇側が武力で阻止した。この時，天皇の命令を太政官組織に速やかに伝えるため　11　を設け，藤原北家の　12　らを任じた。また，京の警備のため，　13　を設置した。さらに，　9　天皇のもとでは律令制定後に出された法令である　14　や施行細則である　15　をまとめた　16　が編纂された。

◆　　平安初期には加持祈禱による現世利益を追求する密教が唐から伝わり，貴族社会に広がった。　17　は入唐して，帰国後天台宗を開き，比叡山　18　を拠点として大乗戒壇設立をめざした。弟子の円仁と円珍は入唐して密教化を進めた（台密）。　19　は入唐して帰国後，高野山金剛峰寺を建てて，真言宗を開いた。また，　9　天皇から　20　寺を賜り，密教の道場とした（東密）。

◆　　この時代には神秘的な密教美術が発達し，彫刻では観心寺の　21　像が，絵画では教王護国寺の両界　22　や園城寺不動明王像（黄不動）がある。また，神仏習合の影響を受けた彫刻として薬師寺の　23　像がある。

◆　　文芸による国家隆盛をめざす文章経国の思想が広がり，貴族の教養として漢詩文が重視された。最初の勅撰漢詩文集である『　24　』が編まれ，　19　の『　25　』が編纂された。また，有力氏族が子弟のための教育施設として　26　を設けた。その代表例として，藤原氏の勧学院，在原氏の奨学院などがある。

重要用語チェック

1　桓武天皇
2　長岡京
3　藤原種継
4　平安京
5　坂上田村麻呂
6　胆沢城

7　勘解由使
8　健児

9　嵯峨天皇
10　平城太上天皇（上皇）
11　蔵人頭
12　藤原冬嗣
13　検非違使
14　格
15　式
16　弘仁格式

17　最澄
18　延暦寺
19　空海
20　教王護国（東）寺

21　如意輪観音像
22　両界曼荼羅
23　僧形八幡神像

24　凌雲集
25　性霊集
26　大学別曹

原始
古墳
飛鳥
奈良
平安
鎌倉
室町
安土桃山
江戸
明治
大正
昭和
平成

12　平安中期の政治（摂関政治）

◆◆◆ 時代をつかむ

●藤原北家の発展

天皇	藤原氏	事件	外交
嵯峨	［冬嗣］	平城太上天皇の変（810）➡冬嗣，蔵人頭	
淳和			
仁明	良房	［承和の変］（842）…伴健岑・橘逸勢配流	
文徳		良房，太政大臣（857）	
清和		良房，初の摂政（858） ［応天門の変］（866）…大納言伴善男配流	
陽成	［基経］		
光孝		基経，初の関白（884）	
宇多	時平	阿衡の紛議（阿衡事件）（888）…橘広相処分	遣唐使停止（894）
［醍醐］		昌泰の変（901）…右大臣菅原道真左遷	
		［延喜の治］	唐滅亡（907） 渤海滅亡（926）
朱雀	忠平	承平・天慶の乱（939〜41）	新羅滅亡（935） 高麗統一（936）
［村上］	実頼	［天暦の治］	宋建国（960）
冷泉		［安和の変］（969）…左大臣源高明左遷	
後一条 後朱雀 後冷泉	［道長］ ［頼通］	摂関政治の全盛期	刀伊の入寇（1019）

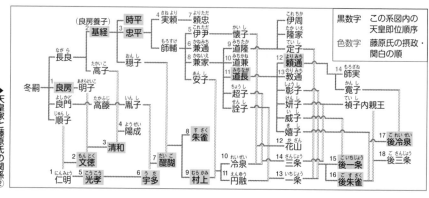

▶天皇家と藤原氏の関係②

∴∴∴∴ 流れで覚える

◆ 藤原冬嗣は嵯峨天皇の信任で藤原北家台頭の基礎をつくった。子の　1　は，842年，　2　で伴健岑や橘逸勢を排除し，　3　天皇が即位した際には初めて摂政に就任した。866年の　4　では左大臣源信の失脚を狙った大納言　5　を排除した。　1　の養子となった　6　は，　7　天皇即位の際に初めて関白に就任し，宇多天皇の関白に就任する際には　8　を起こし，藤原氏の勢力を強めた。

◆ 　9　天皇の時代，右大臣　10　は左大臣藤原時平の策謀により，大宰府に左遷された。その後　9　天皇・　11　天皇の時代は摂関を置かず天皇親政が行われ，延喜・天暦の治と呼ばれた。　9　天皇の時代には，六国史の最後となる『　12　』や，最後の格式となる『　13　』が編纂され，　11　天皇の時代には本朝十二銭の最後となる　14　が鋳造されるなど，律令国家の転換期となった。その間の朱雀天皇の時代には，　15　が摂政・関白に任じられ，摂関の制度が確立した。その一方で，武士の反乱である承平・天慶の乱が起こった。

◆ 969年，摂津源氏の源満仲らの密告で左大臣　16　が大宰府に左遷される　17　が起こった。これ以降，摂政・関白がほぼ常置され，藤原北家の地位は確立した。その後，藤原氏の内部で氏長者をめぐって争いが起こり，これを勝ち抜き，後一条・後朱雀・後冷泉天皇の　18　となった　19　と子の　20　の時代に摂関政治は全盛期を迎えた。　19　の権勢は藤原実資の日記『　21　』からもうかがえる。

◆ 摂関政治とは，藤原北家が天皇の母方の親戚（祖父・叔父）である　18　として，天皇の幼少時は　22　，成人後は　23　として政務を代行・補佐し，権力を握った政治形態である。政務は太政官で審議され，天皇または摂政の決裁を経て太政官符・宣旨で命令・伝達された。国政の重要事項については，天皇が決裁の参考にするため，内裏の近衛の陣で行われる陣定で公卿の意見が求められた。

◆ 907年に唐は滅亡し，その後の混乱を経て960年には　24　に統一された。　24　とは正式な国交はなかったが，商船が大宰府に来航して民間貿易は行われた。935年には新羅が滅亡し，翌年に　25　が朝鮮半島を統一，926年には渤海が　26　に滅ぼされた。1019年，　27　の来襲を大宰権帥の藤原隆家が撃退した。

❖❖❖ 時代をつかむ

項目		内容
仏教		▶[浄土教]の流行…**末法思想**の広がり 　来世での極楽往生を願う 　[空也]…京都の市中で念仏を説く 　[源信](恵心僧都)…『往生要集』を著す 　往生伝：『日本往生極楽記』(慶滋保胤) ▶**天台宗・真言宗**➡加持祈禱も盛んに行われる ▶**神仏習合**の進展➡[本地垂迹説] ▶**御霊会**…怨霊や疫神の災いから逃れようとする祭礼
美術	建築	阿弥陀堂建築：**法成寺**(藤原道長) 　　　　　　　**平等院鳳凰堂**(藤原頼通) **寝殿造**…貴族の邸宅
	絵画	**来迎図**…高野山聖衆来迎図 **大和絵**…巨勢金岡 平等院鳳凰堂▶ 阿弥陀如来像
	彫刻	**寄木造**…仏師定朝 **平等院鳳凰堂阿弥陀如来像**・法界寺阿弥陀如来像
	書道	和風書道。**三蹟**＝小野道風・藤原佐理・藤原行成
文学		[かな文字]の発達➡和歌や宮廷女流文学の発達
	詩歌	勅撰和歌集：『[古今和歌集]』…醍醐天皇の命，紀貫之ら編纂 『**和漢朗詠集**』(藤原公任)
	物語	『**竹取物語**』『**伊勢物語**』『**宇津保物語**』『**落窪物語**』 『**源氏物語**』(紫式部)
	日記 随筆	かな日記：『**土佐日記**』(紀貫之)・『**蜻蛉日記**』(藤原道綱の母) 　　　　　『**更級日記**』(菅原孝標の女)・『**紫式部日記**』 随筆：『**枕草子**』(清少納言) 漢文体日記：『**御堂関白記**』(藤原道長)・『**小右記**』(藤原実資)
生活	服装 その他	男子の正装…**束帯**(略式は**衣冠**)，通常服は直衣・狩衣 女子の正装…**女房装束**(**十二単**)，通常服は小袿に袴 食事は1日2回 10〜15歳で男子は**元服**，女子は**裳着**の式をあげて成人
	風習	陰陽道の影響…**物忌**や**方違**

∴∴∴ 流れで覚える

◆　天台宗・真言宗は現世利益を求める貴族層に広がり，神仏習合の進展により，神は仏の仮の姿であるとする　**1**　が広がった。また，怨霊や疫神をまつることで，疫病などの災厄から逃れようとする祭礼である　**2**　が盛んに行われた。

◆　阿弥陀仏を信仰して来世での極楽往生を願う　**3**　が流行した。　**4**　は京都の市中で念仏を説き，市聖と呼ばれた。源信は『　**5**　』を著して極楽往生の方法を説いた。この信仰は貴族から庶民まで広がり，当時の社会不安や仏教を信仰しなければ世の中が乱れるという末法思想によって一層強められた。

◆　　**3**　の流行により，　**6**　の『日本往生極楽記』などの往生伝が著され，藤原道長による　**7**　や，その子藤原頼通による　**8**　などの阿弥陀堂が建立された。　**8**　の阿弥陀如来像は，仏師　**9**　の代表作で　**10**　の技法で作られている。また，往生する人を迎えにくる様子を描いた　**11**　なども残る。

◆　それまでの中国文化の吸収・定着の上に日本独自の文化が生まれた。それを象徴する　**12**　の成立が国文学の発達につながった。和歌では　**13**　天皇の命で最初の勅撰和歌集『　**14**　』が紀貫之らによって編纂された。物語では，在原業平に擬せられる男の一代記である『　**15**　』や紫式部による『　**16**　』などが著された。また，宮廷生活を随筆風に書いた清少納言の『　**17**　』もある。かな日記は紀貫之の『　**18**　』を最初とするが，藤原道綱の母の『　**19**　』，菅原孝標の女の『　**20**　』など女性の手によるものが多かった。一方，貴族社会の男性は10世紀以降に発達した先例や儀式を漢文体の日記に記録するようになり，その代表は藤原道長の『　**21**　』である。

◆　貴族の邸宅は白木造・檜皮葺の　**22**　で建てられた。建物内部の襖や屏風には日本風の題材による　**23**　が描かれ，漆器に金銀で装飾した蒔絵も作られた。貴族の男性の正装は　**24**　や略式の　**25**　，女性の正装は唐衣や裳をつけた　**26**　であった。また，貴族は陰陽道の影響を受けて　**27**　と称して引きこもったり，　**28**　といって凶の方角を避けたりした。

重要用語チェック

1 本地垂迹説
2 御霊会
3 浄土教
4 空也
5 往生要集
6 慶滋保胤
7 法成寺
8 平等院鳳凰堂
9 定朝
10 寄木造
11 来迎図
12 かな文字
13 醍醐天皇
14 古今和歌集
15 伊勢物語
16 源氏物語
17 枕草子
18 土佐日記
19 蜻蛉日記
20 更級日記
21 御堂関白記
22 寝殿造
23 大和絵
24 束帯
25 衣冠
26 女房装束（十二単）
27 物忌
28 方違

原始　古墳　飛鳥　奈良　**平安**　鎌倉　室町　安土桃山　江戸　明治　大正　昭和　平成

時代をつかむ

●地方政治の推移

天皇	できごと	
桓武	795	公出挙の利息を3割 雑徭を半減
	797	**勘解由使**の設置
	801	班田を**12年1班**
嵯峨	823	**公営田**の設定
醍醐	※この頃，**受領制**の形成	
	902	**延喜の荘園整理令**
	最後の班田実施	
一条	988	**「尾張国郡司百姓等解」**
後三条	1069	**延久の荘園整理令**
	※これ以降，荘園の拡大	

●受領と負名

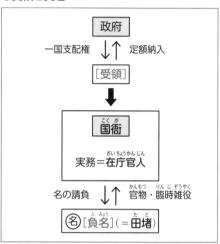

●荘園公領体制

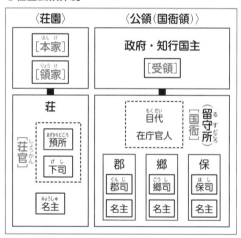

荘園と公領（国衙領）で構成される土地制度を
荘園公領体制という。

▼**神護寺領紀伊国桛田荘の図**
図中の赤点は荘園の領域を示す標識。中世荘園の主流
となる領域型荘園の例

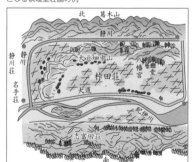

:::::::: 流れで覚える

◆　8世紀後半〜9世紀になると、浮浪・逃亡や戸籍を偽る
　　　1　　により、戸籍・計帳による人民支配が困難となった。そ
の中で桓武天皇は班田の実施を　　2　　年1班に改めて励行する
とともに、　　3　　の利息を5割から3割、　　4　　を半減して
人民の負担軽減に努めた。政府は財政維持が困難になると、9世
紀前半に大宰府管内の　　5　　など直営田を設けて収入の維持を
はかり、天皇も　　6　　という田を設定した。10世紀初めの延喜
年間、政府は律令制再建の方針のもと、班田の実施を命じ、初め
て　　7　　を出して違法な土地所有を禁じたが、立て直しは困難
であった。

◆　9世紀末〜10世紀前半にかけて政府は国司制度を整備した。
国司の最上席者（守）は、政府から一国の支配を任されるようにな
り、　　8　　と呼ばれるようになった。実務から排除された　8
以外の国司は現地に赴任せず　　9　　するようになった。　8
の中には、巨利を得ようとして暴政を行う者もおり、「尾張国郡司
百姓等解」で訴えられた尾張守　　10　　はその例である。利権と
みなされるようになった　8　には朝廷の儀式や寺社の造営など
を請け負い官職を得る　　11　　や、それをくり返して再任される
　　12　　で任じられることが多くなった。やがて11世紀後半にな
ると、　8　も現地へ赴かなくなり、　　13　　を留守所に派遣し、
現地の有力者を任じた　　14　　を指揮して国内を支配させた。

◆　　8　は有力農民である　　15　　に課税対象となる田地である
　　16　　の耕作を請け負わせ、租・調・庸などの系譜を引く官物
と臨時雑役を徴収した。　16　を請負った有力農民を　　17　　と
呼ぶ。これにより成人男子に課税（人頭税）する体制は崩れ、土地
を基準に課税（土地税）する体制となった。

◆　11世紀には、国衙から税の免除を受けて一定の領域を開発する
　　18　　が各地で勢力を持った。中央の貴族や寺社が荘園を形成
するなか、　18　は貴族・寺社の保護を受け、現地を支配する
　　19　　となった。院や摂関家などの上級領主を　　20　　といい、
中下級貴族など下級領主を　　21　　といった。これらの荘園は官
物などの税を免除される　　22　　の特権を持っており、太政官符
や民部省符で免除された　　23　　や国司に免除された　　24
があった。また、国司の派遣する検田使の立ち入りを拒否する
　　25　　の特権もあった。　18　の中には、国司から郡司・郷司・
保司に任じられ、　　26　　の管理を行う者もいた。

重要用語チェック

1　偽籍
2　12年
3　公出挙
4　雑徭
5　公営田
6　勅旨田
7　荘園整理令

8　受領
9　遙任
10　藤原元命
11　成功
12　重任
13　目代
14　在庁官人

15　田堵
16　名
17　負名

18　開発領主
19　荘官
20　本家
21　領家
22　不輸
23　官省符荘
24　国免荘
25　不入
26　公領（国衙領）

原始
古墳
飛鳥
奈良
平安
鎌倉
室町
安土桃山
江戸
明治
大正
昭和
平成

◈◈◈ 時代をつかむ

●武士の家の構成

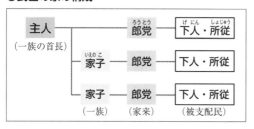

```
主人 ──── 郎党 ──── 下人・所従
(一族の首長)

      家子 ──── 郎党 ──── 下人・所従

      家子 ──── 郎党 ──── 下人・所従
     (一族)   (家来)    (被支配民)
```

●武士団の成長

▶任地に残った中下級貴族
　開発を進める**開発領主**
　　　↓
▶所領経営のため**武士の家**を形成
　　　↓
▶戦乱を通じて**大武士団**に成長
　源氏・平氏は大武士団の[棟梁]

●武士の反乱

反乱	発生年	概要
承平・天慶の乱 （天慶の乱）	939〜41	[平将門] の乱…関東で挙兵し**新皇**と称す ➡**藤原秀郷・平貞盛**が鎮圧 [藤原純友] の乱…瀬戸内海から大宰府を襲撃 ➡**源経基**らが鎮圧
平忠常の乱	1028〜31	上総から房総半島に広がる➡**源頼信**が鎮圧
[前九年合戦]	1051〜62	陸奥の**安倍氏**の反乱➡**源頼義・義家**が鎮圧
[後三年合戦]	1083〜87	東北**清原一族**の内紛➡**源義家**が介入して鎮圧 乱後，**奥州藤原氏**が発展

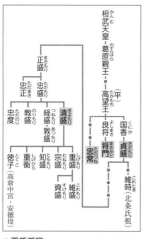

▲平氏系図

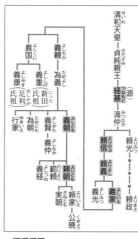

▲源氏系図

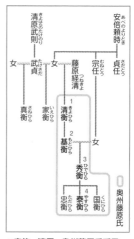

▲安倍・清原・奥州藤原氏系図

•••••• 流れで覚える

◆　9〜10世紀にかけて地方の支配が崩れると，成長した地方豪族や有力農民は勢力を維持・拡大するために武装化し，地方での紛争が多くなった。そのため，中・下級貴族がその鎮圧に派遣され，なかには現地に残り，地方で勢力をのばして有力な武士となる者もいた。彼らは武士の家を形成し，一族である　1　や，2　などの従者を率いて，時に国司にも反抗した。

◆　関東に勢力をのばした桓武平氏の　3　は，国司と対立し，939年に反乱を起こした。常陸をはじめ，関東一帯を支配した　3　は　4　と称したが，下野押領使の　5　と一族の　6　に討たれた。同じ頃，前伊予掾の　7　は任期が終わっても帰京せず，待遇に対する不満から瀬戸内海の海賊を組織して反乱をおこし，大宰府まで占領した。この乱は清和源氏の祖　8　らにより討たれた。この東西で起こった反乱をあわせて天慶の乱という。

◆　天慶の乱で地方武士の実力を知った朝廷は，かれらを侍として奉仕させ，宮中警護の　9　などに任じた。一方，地方でも国衙が武士を組織化し，押領使・追捕使に任じて治安維持にあたらせた。

◆　11世紀になると，清和源氏や桓武平氏が地方の武士団を組織し，棟梁となり勢力をもった。摂津に拠点を持ち，安和の変に関わった　10　，その子　11　は，摂関家に接近して勢力を拡大した。1028年に房総半島で　12　の乱が起こると，11　が鎮圧して東国に進出した。

◆　陸奥では豪族　13　氏が反乱を起こすと，陸奥守の　14　が，子の　15　とともに清原氏の協力で　13　氏を滅ぼした（　16　合戦）。さらに，陸奥・出羽で勢力を強めた清原氏に内紛が起こると，15　は　17　を助けて鎮圧した（　18　合戦）。その結果，源氏は東国武士団との関係を深めた。

◆　18　合戦後，陸奥・出羽で勢力をのばしたのが奥州藤原氏で，拠点の　19　に京都の文化を移植し，17　・基衡・秀衡の3代にわたって繁栄した。浄土教の流行もあり，17　は　20　，基衡は　21　を建立した。

1　家子
2　郎党
3　平将門
4　新皇
5　藤原秀郷
6　平貞盛
7　藤原純友
8　源経基
9　滝口の武者（武士）
10　源満仲
11　源頼信
12　平忠常の乱
13　安倍氏
14　源頼義
15　源義家
16　前九年合戦
17　藤原（清原）清衡
18　後三年合戦
19　平泉
20　中尊寺
21　毛越寺

原始
古墳
飛鳥
奈良
平安
鎌倉
室町
安土桃山
江戸
明治
大正
昭和
平成

16　院政と平安末期の文化

◆◆ 時代をつかむ

●**院政の展開**…白河・鳥羽・後白河の3代にわたる約100年間

天皇	上皇	源氏	平氏	事件など
[後三条]	―	頼義	―	[延久の荘園整理令] (1069)
白河	後三条	義家	―	後三年合戦 (1083〜87)
堀河	[白河]		正盛	院政開始 (1086)
鳥羽		義親		源義親の乱 (1108)
崇徳	[鳥羽]		忠盛	
近衛				
後白河		義朝		[保元の乱] (1156)
二条	[後白河]		[清盛]	[平治の乱] (1159)
六条		頼朝		平清盛, 太政大臣就任 (1167)

●**保元の乱・平治の乱関係図**

	保元の乱 (1156)			
勝 天皇	[後白河]（弟）	忠通（兄）関白	[清盛]（甥）	[義朝]（兄）
	天皇家	摂関家（藤原氏）	平氏	源氏
負 上皇	[崇徳]（兄）	頼長（弟）左大臣	忠正（叔父）	為義（父）為朝（弟）

	平治の乱 (1159)	
勝	藤原通憲（信西）	[平清盛] 平重盛
	院近臣	武家の棟梁
負	藤原信頼	[源義朝] 源義平 源頼朝

●**院政期の文化**

項目	内容
仏教	浄土教の地方波及…聖の活動・諸国の阿弥陀堂, 富貴寺大堂（豊後）・白水阿弥陀堂（陸奥）・[中尊寺金色堂]（陸奥・平泉〔藤原清衡〕）
美術	絵巻物：『源氏物語絵巻』『鳥獣戯画』『信貴山縁起絵巻』『伴大納言絵巻』 その他：『扇面古写経』『平家納経』
文学	軍記物語：『将門記』（平将門の乱）・『陸奥話記』（前九年合戦） 歴史物語：『[大鏡]』（道長に批判的）・『栄花（華）物語』（道長の栄華に好意的） 説話集：『今昔物語集』　その他：『[梁塵秘抄]』（今様, 後白河法皇）

∷∷∷ 流れで覚える

◆ 摂関家を外戚としない ___1___ 天皇が即位し，摂関政治は終焉した。___1___ 天皇は1069年，___2___ の荘園整理令を出して太政官に ___3___ を設け，摂関家の荘園を含む，基準に合わない荘園を停止した。それとともに公定の枡（宣旨枡）を制定した。その上で，内裏の造営費用などを荘園・公領問わず，一律に賦課する ___4___ の徴収をはかった。

◆ ___5___ 天皇は子の ___6___ 天皇に位を譲った後も上皇として ___7___ を開いて院政をはじめた。続く鳥羽上皇，後白河上皇も同様に政治の実権を握った。もともとは自分の子孫に皇位を継がせることが目的で，天皇の父・祖父など直系親族が治天の君として法や慣例にとらわれず，専制的に政治を行った。中下級貴族が上皇を支持して側近となる ___8___ が形成され，平氏などの武士が ___9___ として上皇の軍事力となった。そして院の御所で行われる会議が国政を審議する場となり，院庁下文や上皇の意思を伝える ___10___ が国政に影響を及ぼすようになった。

◆ 院政期には荘園の寄進が院に集中し，鳥羽上皇の皇女に伝えられた ___11___ や ___12___ 上皇が持仏堂に寄進した ___13___ などが形成された。一方で，摂関家や大寺社も多くの荘園を所有した。なかでも，___14___ （南都）・___15___ （北嶺）などの大寺院は，僧兵を組織して国司と争い，政府に要求を通すために強訴をした。また，上皇や公卿・寺社などに一国の支配権を与える ___16___ 制度も広がった。上皇たちは仏教の信仰が厚く，___5___ 天皇の法勝寺をはじめとする ___17___ を建立し，熊野詣や高野詣を盛んに行った。

◆ 鳥羽法皇の死後，1156年，関白藤原忠通と結んだ ___12___ 天皇が ___18___ ・ ___19___ らの武士を動員し，左大臣藤原頼長と結ぶ ___20___ 上皇を破った（保元の乱）。1159年には院政を始めた ___12___ 上皇の近臣の藤原信頼が ___19___ とともに，藤原通憲（信西）を自害させたが，___18___ によって滅ぼされた（平治の乱）。

◆ 院政期は平泉の ___21___ や豊後の ___22___ など阿弥陀堂が各地にみられ，浄土教が地方に波及した。絵巻物では，動物を擬人化して社会風刺をした『___23___』や応天門の変を題材とした『___24___』が有名である。文学では，軍記物で前九年合戦を描いた『___25___』，歴史物語では藤原道長の時代を批判的に描く『___26___』，説話集では『今昔物語集』がある。また ___12___ 法皇は民間の流行歌謡である今様を学び，『___27___』を編集した。

重要用語チェック

1　後三条天皇
2　延久の荘園整理令
3　記録荘園券契所（記録所）
4　一国平均役

5　白河天皇
6　堀河天皇
7　院庁
8　院近臣
9　北面の武士
10　院宣

11　八条院領
12　後白河
13　長講堂領
14　興福寺
15　延暦寺
16　知行国
17　六勝寺

18　平清盛
19　源義朝
20　崇徳上皇

21　中尊寺金色堂
22　富貴寺大堂
23　鳥獣戯画
24　伴大納言絵巻
25　陸奥話記
26　大鏡
27　梁塵秘抄

原始
古墳
飛鳥
奈良
平安
鎌倉
室町
安土桃山
江戸
明治
大正
昭和
平成

◆◆ 時代をつかむ

●平氏政権から鎌倉幕府へ

年	月	争乱の過程
1167	2	平清盛, 太政大臣就任
1177	5	鹿ヶ谷の陰謀
1179	11	後白河法皇を幽閉➡院政停止
1180	2	安徳天皇即位
	5	以仁王・源頼政挙兵➡戦死
	6	福原京遷都➡11月に帰京
	8	[源頼朝] 挙兵
	9	源義仲挙兵
	12	平重衡, 南都焼打ち
1181	閏2	平清盛の死
		※この頃, 養和の飢饉
1183	7	平氏都落ち, 義仲入京
1184	1	源範頼・義経, 義仲を討つ
	2	一の谷の合戦
1185	3	[壇の浦の戦い], 平氏滅亡
1189	9	奥州藤原氏の平定（奥州平定）

年	月	幕府の成立
1180	10	源頼朝, 鎌倉へ
	11	[侍所] の設置
1183	10	寿永二年十月宣旨
1184	10	[公文所]・[問注所] の設置
1185	11	[守護]・[地頭] の設置
1190	11	頼朝, 右近衛大将就任
1192	7	頼朝, 征夷大将軍就任

地図の凡例：
― 源頼朝の行動
…… 源義仲の進路
― 源義経の進路
--- 源範頼の進路

屋島の合戦　倶利伽羅峠の戦い
一の谷の合戦
福原遷都　平泉
壇の浦の戦い
京都　鎌倉　木曽
石橋山の戦い
以仁王・源頼政の挙兵　鹿ヶ谷の陰謀　富士川の戦い

▲源平の争乱

●御家人制

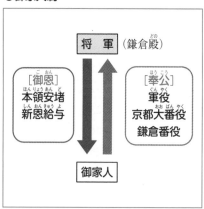

将軍（鎌倉殿）

[御恩]
本領安堵
新恩給与

[奉公]
軍役
京都大番役
鎌倉番役

御家人

●鎌倉幕府の組織

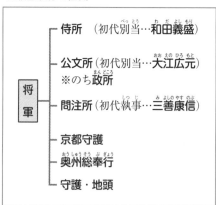

将軍
├ 侍所（初代別当…和田義盛）
├ 公文所（初代別当…大江広元）
│　※のち政所
├ 問注所（初代執事…三善康信）
├ 京都守護
├ 奥州総奉行
└ 守護・地頭

流れで覚える

◆　平治の乱後，　**1**　は後白河上皇を武力で支えて昇進し，1167年，　**2**　に就任し，一族の子弟は高位高官につき，荘園や知行国を財政基盤としたうえ，西国一帯の武士を家人とした。しかし，1177年，平氏に不満を持った院近臣が平氏打倒を企てる　**3**　が起こった。1179年，　**1**　は後白河法皇を幽閉し，翌年，高倉天皇と娘　**4**　の間に生まれた孫の　**5**　天皇を即位させて，外戚として政界の主導権を握った。一方で，平氏は摂津国の　**6**　を修築して　**7**　貿易にも力を入れた。

◆　1180年，　**8**　が平氏追討の令旨を出し，　**9**　と挙兵したが失敗した。それに呼応して，伊豆に幽閉されていた源頼朝，木曽の　**10**　らが挙兵し，全国的な動乱となった（　**11**　の乱）。頼朝は鎌倉を拠点として国衙を支配下におさめ，味方となった東国の武士と主従関係を結んで御家人として組織した。1180年には御家人を統率する　**12**　を設置して　**13**　を別当とした。1183年には，後白河法皇から東海道・東山道の東国の支配権を認められた（寿永二年十月宣旨）。1184年には一般政務を扱う　**14**　（のちに　**15**　）を設置して　**16**　を別当とし，　**17**　を設置して　**18**　を執事とした。1185年には　**19**　の戦いで平氏を滅亡させた。1189年には奥州藤原氏を滅ぼし，東北地方を支配下においた。1190年には上洛して右近衛大将となり，1192年には征夷大将軍に任じられた。

◆　鎌倉幕府の基礎となったのは将軍と御家人の主従関係である。頼朝は主人として武士たちに対し，戦乱を通じて先祖伝来の所領を保障する　**20**　や，戦功に応じて新たな所領支配を認める　**21**　などの御恩を与えた。それに対し，御家人は戦時には軍役を，平時には朝廷を警備する　**22**　や，将軍を警護する　**23**　などをつとめて，従者として奉公した。

◆　地方には　**24**　と　**25**　がおかれた。　**24**　は原則として各国に1名ずつ，主として東国の有力御家人が任じられ，謀反人・殺害人の逮捕，大番催促の　**26**　を任務とした。　**25**　は御家人から任命され，荘園・公領の年貢徴収や納入，治安維持が任務であった。また，鎌倉幕府の経済基盤は将軍の荘園である　**27**　と将軍の知行国である　**28**　であった。鎌倉幕府が成立して東国を実質的に支配したが，朝廷や荘園領主の勢力は強く残り，公武の二元的な支配が続いた。

重要用語チェック

1　平清盛
2　太政大臣
3　鹿ヶ谷の陰謀
4　徳子（建礼門院）
5　安徳天皇
6　大輪田泊
7　日宋貿易

8　以仁王
9　源頼政
10　源義仲
11　治承・寿永の乱
12　侍所
13　和田義盛
14　公文所
15　政所
16　大江広元
17　問注所
18　三善康信
19　壇の浦の戦い

20　本領安堵
21　新恩給与
22　京都大番役
23　鎌倉番役

24　守護
25　地頭
26　大犯三カ条
27　関東御領
28　関東知行国
　　（関東御分国）

原始　古墳　飛鳥　奈良　平安　鎌倉　室町　安土桃山　江戸　明治　大正　昭和　平成

時代をつかむ

●北条氏の台頭

北条氏	将軍	上皇	政治
[時政]	[源頼朝]	後鳥羽	頼朝死去（1199）
	源頼家		梶原景時の乱（1200） [比企能員] の乱（1203） ➡時政，政所の別当となる＝初代の [執権] 頼家殺害（1204）
	源実朝		畠山重忠の乱（1205）
[義時]			義時，執権に就任（1205） [和田義盛] の乱（和田合戦）（1213） ➡義時，侍所別当兼任＝執権の地位確立 実朝の暗殺（1219）➡源氏将軍の断絶
		後高倉	[承久の乱]（1221）➡六波羅探題の設置 新補地頭設置（1223）
[泰時]	藤原（九条）頼経		連署設置（1225）…初代北条時房 評定衆設置（1225） 藤原（九条）頼経，将軍正式就任（1226）＝摂家将軍 [御成敗式目（貞永式目）] 制定（1232）
[時頼]	藤原頼嗣	後嵯峨	[宝治合戦]（1247）…三浦泰村一族滅亡 引付衆設置（1249）
	宗尊親王		宗尊親王，将軍就任（1252）＝皇族将軍

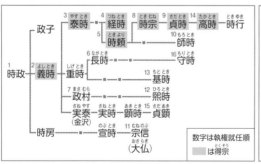

▲北条氏系図

▲執権政治の機構

数字は執権就任順
■は得宗

∷∷∷ 流れで覚える

◆ 政務を親裁していた源頼朝の死後，御家人中心の政治を求める動きが強まり，その中で北条氏が勢力をのばした。 ［ 1 ］ は1203年，2代将軍 ［ 2 ］ の義父 ［ 3 ］ を滅ぼして，［ 2 ］ を伊豆の修禅寺に幽閉した。そして，3代将軍に ［ 4 ］ を擁立し，政所別当に就任した。ついで ［ 1 ］ の子の ［ 5 ］ は，1213年，侍所別当である ［ 6 ］ を滅ぼし，侍所別当と政所別当を兼任し幕府の実権を握った。［ 1 ］・［ 5 ］ が確立した将軍を補佐する地位は執権とよばれ，北条氏が世襲した。

◆ 朝廷では，［ 7 ］上皇が新たに ［ 8 ］ をおいて軍事力を強化するなど朝廷権力の復権をめざした。1219年，朝廷と協調関係にあった将軍 ［ 4 ］ が甥の ［ 9 ］ に暗殺され，源氏将軍が断絶した。次の将軍には摂関家から幼少の ［ 10 ］ がむかえられた（摂家将軍）。これにより朝幕関係は不安定となり，［ 7 ］上皇は1221年，［ 5 ］ 追討の宣旨を下して兵をあげ，［ 11 ］ が起こった。幕府は京都に向けて大軍を送り勝利した。結果，幕府は ［ 7 ］上皇を隠岐，順徳上皇を佐渡，土御門上皇を土佐に配流したうえ，［ 12 ］天皇を廃し，後堀河天皇を即位させた。また，幕府は京都守護を廃止して ［ 13 ］ を設置し，朝廷を監視するとともに，上皇方から没収した領地には ［ 14 ］ を任命した。この乱により，幕府は朝廷に対して優位に立ち，皇位継承など朝廷に干渉するようになった。

◆ 3代執権の ［ 15 ］ は執権の補佐として叔父の北条時房を ［ 16 ］ に任命し，有力御家人を中心に幕府を運営するため，［ 17 ］ を設置して合議制により政治や裁判を行った。さらに御家人の所領裁判が増加し，裁判基準や政務の共通認識が必要となったため，頼朝以来の先例や武家社会の慣習である ［ 18 ］ をまとめた ［ 19 ］ を制定した。これは51か条にわたる武家法として幕府の勢力範囲で適用され，律令の系統を引く公家法や荘園領主による本所法を否定するものではなかった。

◆ 裁判制度を整備する姿勢は5代執権の ［ 20 ］ に受け継がれた。増加する訴訟に対処するため，1249年，［ 21 ］ を任命して裁判の公正・迅速化をはかった。1247年に起こった ［ 22 ］ では三浦泰村一族を滅ぼし，北条氏の独裁化が進んだ。一方で，朝廷に政治の改革を求めた結果，後嵯峨上皇の院政下に院評定衆がおかれ，1252年には摂家将軍を廃し，後嵯峨上皇の皇子の ［ 23 ］ を将軍に迎えた（皇族将軍）。

重要用語チェック

1　北条時政
2　源頼家
3　比企能員
4　源実朝
5　北条義時
6　和田義盛

7　後鳥羽上皇
8　西面の武士
9　公暁
10　藤原（九条）頼経
11　承久の乱
12　仲恭天皇
13　六波羅探題
14　新補地頭

15　北条泰時
16　連署
17　評定衆
18　道理
19　御成敗式目
　　（貞永式目）

20　北条時頼
21　引付衆
22　宝治合戦
23　宗尊親王

原始
古墳
飛鳥
奈良
平安
鎌倉
室町
安土桃山
江戸
明治
大正
昭和
平成

❖❖❖ 時代をつかむ

●惣領制

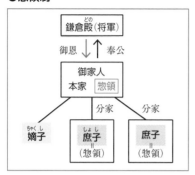

```
          鎌倉殿（将軍）
       御恩 ↓↑ 奉公
          御家人
      本家 [惣領]
        ↙ 分家 ↘ 分家
  嫡子      庶子      庶子
        （惣領）    （惣領）
```

分家した場合，庶子も分家の惣領となる。

●地頭請と下地中分

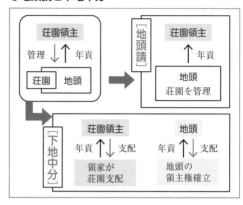

```
  荘園領主              [地頭請]    荘園領主
 管理 ↓↑ 年貢                    ↑ 年貢
  荘園 地頭                       地頭
                                荘園を管理

          [下地中分]    荘園領主        地頭
                    年貢↑↓支配    年貢↑↓支配
                     領家が        地頭の
                    荘園支配      領主権確立
```

●鎌倉時代の経済

農業	[二毛作]…米の裏作で麦を栽培，西日本（畿内・瀬戸内）で普及 自給肥料…刈敷・草木灰の使用 牛馬耕…犂を使う 商品作物栽培…楮（和紙）・荏胡麻（灯油）・藍（染料）
商業 交通	[座]の結成…平安後期より，商工業者の同業者組合 定期市…[三斎市]（月3回），交通の要地や寺社の門前 見世棚…常設の小売店，京都・鎌倉・奈良など一部で 問（問丸）…運送・委託販売などを業務とする
貨幣 金融	輸入銭…[宋銭]の使用，国内では鋳造せず 為替の使用…遠隔地取引で金銭の輸送を手形で代用する 金融…借上（高利貸業者）の活躍

▲牛耕の図（「松崎天神縁起絵巻」）

▲備前国福岡の市（「一遍上人絵伝」）

流れで覚える

◆　開発領主の流れを引く武士は，先祖代々の土地を受け継いで，さらに所領を拡大し，防御設備などをもつ　1　を構えていた。その周辺には佃・門田などと呼ばれる年貢のかからない直営地を設け，下人などを使って耕作させた。

◆　武士団は血縁関係で結束し，一族の長である　2　の指揮に一族の　3　がしたがって，鎌倉幕府に奉公していた。相続では一族に所領を分け与える　4　を原則としており，女性にも相続権は認められていた。こうした体制を　5　と呼ぶ。また，武芸を身に付けることが重視され，流鏑馬・笠懸・犬追物の騎射三物などの訓練を行った。

◆　承久の乱後は畿内・西国にも多くの地頭が任命され，現地の支配権をめぐる地頭と荘園領主の争いはより一層拡大した。こうした紛争を解決するため，荘園領主は地頭に荘園管理を任せて，年貢の納入だけを請け負わせる　6　や，所領を折半して相互の支配権を認めあう　7　を行った。また，地頭の非法に対して農民たちが荘園領主に訴える　8 国阿氏河荘民の訴状なども残る。

◆　蒙古襲来の前後から，畿内・西日本一帯では米の裏作として　9　を栽培する　10　が普及し，各地では自給肥料として刈敷・草木灰が使用され，牛馬が　11　を引く耕作も行われた。また，商品作物栽培も発達し，和紙の原料である　12　や，灯油の原料の　13　などが栽培された。

◆　農業生産や手工業の発達により生産された品物の交換のため，交通の要地や寺社の門前では月に3回の三斎市のような　14　が開かれ，京都や鎌倉では常設の店舗である　15　もみられた。平安時代の後期頃から京都や奈良の商工業者たちは，天皇家や大寺社に属し，同業者の団体である　16　を結成するようになった。その構成員のうち，天皇家に属した者は　17　，大寺社に属した者は　18　と呼ばれた。また，　19　が現れ，年貢や商品の保管・輸送を請け負った。売買には中国から輸入した　20　が使われるようになり，荘園の一部では年貢の銭納が行われた。遠隔地の決済では　21　が使用され，　22　という金融業者も現れた。

重要用語チェック
1 館
2 惣領
3 庶子
4 分割相続
5 惣領制
6 地頭請（所）
7 下地中分
8 紀伊国
9 麦
10 二毛作
11 犂
12 楮
13 荏胡麻
14 定期市
15 見世棚
16 座
17 供御人
18 神人
19 問（問丸）
20 宋銭
21 為替
22 借上

原始 古墳 飛鳥 奈良 平安 鎌倉 室町 安土桃山 江戸 明治 大正 昭和 平成

❖❖❖ 時代をつかむ

●蒙古襲来

元軍の進路	
———	文永の役
════	} 弘安の役

大都(北京)
開京(開城)
高麗
合浦
京都
東路軍
江南軍
大宰府
元
慶元(寧波)

●中国・朝鮮の動向

▶チンギス＝ハン

　モンゴルの統一 (13世紀初め)

▶[フビライ＝ハン]

　国号を元と定める

　高麗の三別抄の乱を平定 (1273)

　南宋を滅ぼす (1279)

執権	できごと
[北条時宗]	フビライの服属要求を拒否 [文永の役] (1274)…元・高麗軍の来襲 異国警固番役の強化 防塁(石塁・石築地)の構築 [弘安の役] (1281)…東路軍(元・高麗)と江南軍(旧南宋)の来襲
[北条貞時]	[霜月騒動] (1285)…平頼綱が安達泰盛を滅ぼす 平禅門の乱 (1293)…貞時が平頼綱を滅ぼす 鎮西探題の設置 (1293)…九州防衛の強化 [永仁の徳政令] (1297)…御家人救済策

▲「蒙古襲来絵巻」
肥後の御家人竹崎季長が博多に
上陸した元軍と戦う様子

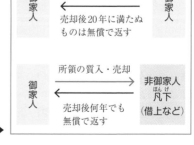

御家人	所領の質入・売却 →	御家人
	← 売却後20年に満たぬ ものは無償で返す	

御家人	所領の質入・売却 →	非御家人 凡下 (借上など)
	← 売却後何年でも 無償で返す	

永仁の徳政令▶

流れで覚える

◆　13世紀初め，**チンギス＝ハン**が現れ，モンゴル民族を統一した。その孫の[1]＝ハンは都を大都(北京)に移して国号を元と定め，朝鮮半島の高麗を服属させると日本にも服属を要求してきた。執権[2]がこれを拒否すると，1273年，元は高麗における三別抄の乱を平定し，翌年，高麗との連合軍で来襲した。迎え撃った御家人たちは，元軍の集団戦法や**てつはう**に苦戦したが，元軍は撤退していった([3]の役)。

◆　幕府は元の再来襲に備え，[4]を強化し，博多湾に[5]を構築した。1279年に中国の南宋を滅ぼした元は，1281年，再来襲したが，暴風雨で壊滅状態となった([6]の役)。その後，幕府は非御家人も動員するようになり，北条一族を[7]に任命して九州支配と対外防備を強化した。

◆　モンゴルが台頭した頃，琉球では各地の[8]が**グスク**(＝城)を拠点として勢力をのばし，中山・北山・南山の三山に統合されていった。一方，蝦夷ヶ島では擦文文化などから**アイヌ**文化が生まれ，津軽の[9]を拠点として[10]氏は**アイヌ**と交易を行っていた。

◆　蒙古襲来の頃から，北条氏嫡流の当主である[11]の勢力が強大化し，北条家の私邸で行われる会議の[12]が権威を持ち，評定衆は形骸化した。執権[13]の時代には[11]家の家来の[14]と御家人の対立が激しくなり，1285年には有力御家人の[15]が，[14]筆頭の[16]である平頼綱に滅ぼされる[17]が起こった。その後，[13]が平頼綱を滅ぼし(平禅門の乱)，幕府の実権を握った。こうして[11]専制体制が確立した。

◆　蒙古襲来の前後から分割相続による所領の細分化，貨幣経済の進展，蒙古襲来の負担などが原因で窮乏し，所領を手放す御家人が現れた。幕府は軍役・番役などの御家人役を負担する御家人を救済するため，1297年，所領の返却を命じる[18]を発したが，十分な効果はあがらなかった。こうしたなかで，荘園領主や幕府に反抗する武士である[19]の動きが各地に広がった。

重要用語チェック

1　フビライ＝ハン

2　北条時宗

3　文永の役

4　異国警固番役

5　防塁(石塁・石築地)

6　弘安の役

7　鎮西探題

8　按司

9　十三湊

10　安藤(東)氏

11　得宗

12　寄合

13　北条貞時

14　御内人

15　安達泰盛

16　内管領

17　霜月騒動

18　永仁の徳政令

19　悪党

原始
古墳
飛鳥
奈良
平安
鎌倉
室町
安土桃山
江戸
明治
大正
昭和
平成

▲フビライ＝ハン

鎌倉仏教

❖ 時代をつかむ

●鎌倉新仏教

宗派		開祖	教義など	中心寺院
浄土教系 ([念仏])	浄土宗	[法然] (源空)	専修念仏(ひたすら念仏を唱和) 著書:『選択本願念仏集』	知恩院 (京都)
	浄土真宗 (一向宗)	[親鸞]	悪人正機説〔『歎異抄』(唯円)〕 著書:『教行信証』	本願寺 (京都)
	時宗	[一遍]	遊行上人(念仏札を配る)・踊念仏 「一遍上人絵伝」(絵巻物)	清浄光寺 (神奈川)
法華経系 ([題目])	日蓮宗 (法華宗)	[日蓮]	題目(南無妙法蓮華経)唱和 著書:『立正安国論』(政治意見書)	久遠寺 (山梨)
禅宗系 ([坐禅])	臨済宗	[栄西]	▶著書:『興禅護国論』 　　　　『喫茶養生記』(喫茶の風習) ▶幕府の保護 　建長寺・[蘭溪道隆](北条時頼) 　円覚寺・[無学祖元](北条時宗)	建仁寺 (京都)
	曹洞宗	[道元]	[只管打坐] 著書:『正法眼蔵』	永平寺 (福井)

●旧仏教の革新

宗派	僧侶	教義など
法相宗	[貞慶]	『興福寺奏状』で法然の専修念仏批判,笠置山に住む
華厳宗	[明恵]	『摧邪輪』で法然の専修念仏批判,京都栂尾高山寺
律宗	[叡尊]	西大寺を中心に社会事業を進める
	[忍性]	叡尊の弟子,鎌倉極楽寺を拠点,[北山十八間戸](奈良)

●神仏習合の進展

▶蒙古襲来(元寇)後,神国思想の高揚
　[伊勢神道]…度会家行が唱える
　　　　著書:『類聚神祇本源』

▲法然

▲栄西

∷∷∷∷ 流れで覚える

◆　中世仏教の中心勢力は，延暦寺・興福寺・東大寺などの旧仏教勢力であった。旧仏教が行う平和を願う　1　などの祈禱は，民衆にとっても必要なものであり，朝廷や幕府も旧仏教を保護していった。しかし，仏教の世俗化に対する反発や治承・寿永の乱による社会不安の増大から，民間の布教者である　2　たちが仏教の革新運動を起こした。

◆　祈禱の効果なく，争乱が起こったのは戒律の乱れであると考えた僧侶たちは，戒律の重視へと向かった。法相宗の　3　と華厳宗の　4　は旧仏教の革新を進め，　5　を批判した。律宗の　6　は西大寺を拠点として活動し，その弟子の　7　は奈良に病人の救済施設として　8　を創建し，幕府の保護を受けて社会事業を進めた。

◆　一方で，新しい仏法を探求した僧侶たちは一つの道（　9　・　10　・　11　）によってのみ救われると説き，民衆の成長を背景として平等を唱え，腐敗した旧仏教を批判した。

◆　浄土宗の開祖とされる　12　は，『　13　』を著し，　9　（南無阿弥陀仏）を唱えることだけが極楽往生の道であるという　5　を説いた。その弟子の　14　は，のちに浄土真宗の祖と仰がれ，すべての人々は平等に悪人であり，その自覚が救済につながるという　15　を唱え（弟子唯円の『　16　』による），『　17　』を著した。また，時宗の開祖とされた　18　は，諸国を遍歴しながら念仏札を配って歩き，信心の有無にかかわらず極楽往生できると説いて，　19　によって教えを広めていった。

◆　法華宗の開祖とされる　20　は，法華経だけが正しい仏法であると主張し，南無妙法蓮華経の　10　を唱えることによってのみ救われると説いた。そして他宗を批判し，政治意見書である『　21　』を北条時頼に提出して法華経を信仰しなければ国難を招くとせまったため，幕府や朝廷の迫害を受けた。

◆　臨済宗の開祖とされる　22　は，宋から禅宗を伝え，『　23　』を著して禅による護国の必要を説き，鎌倉幕府の保護を受けて　24　を創建した。その後，渡来僧が幕府に保護され，　25　は北条時頼の帰依を受けて建長寺を開き，　26　は北条時宗の帰依を受けて円覚寺を開いた。曹洞宗の開祖とされる　27　は宋に渡り，帰国後，越前の山中に永平寺を開き，ひたすら　11　に徹する　28　を説き，『　29　』を著した。

1　鎮護国家
2　聖
3　貞慶（解脱）
4　明恵（高弁）
5　専修念仏
6　叡尊（思円）
7　忍性
8　北山十八間戸
9　念仏
10　題目
11　坐禅
12　法然
13　選択本願念仏集
14　親鸞
15　悪人正機説
16　歎異抄
17　教行信証
18　一遍
19　踊念仏
20　日蓮
21　立正安国論
22　栄西
23　興禅護国論
24　建仁寺
25　蘭溪道隆
26　無学祖元
27　道元
28　只管打坐
29　正法眼蔵

原始
古墳
飛鳥
奈良
平安
鎌倉
室町
安土桃山
江戸
明治
大正
昭和
平成

❖❖❖ 時代をつかむ

項目		内容
美術	建築	▶**大仏様**（天竺様）：**東大寺南大門** 東大寺再建…[**重源**]（勧進上人）・**陳和卿**（宋の工人） ▶**禅宗様**（唐様）：**円覚寺舎利殿** ▶**和様**：**蓮華王院本堂**（三十三間堂） ▶**折衷様**：観心寺金堂
	彫刻	奈良（慶派）仏師の活躍 [東大寺南大門金剛力士像]（運慶・快慶） **興福寺無著・世親像**（運慶） 東大寺僧形八幡神像（快慶） 興福寺天灯鬼・竜灯鬼像（康弁） [六波羅蜜寺] 空也上人像（**康勝**） ▲金剛力士像
	絵画	▶[似絵]：大和絵による肖像画 ▶絵巻物：『北野天神縁起絵巻』・「蒙古襲来絵巻」 　　　「一遍上人絵伝」（円伊）・「法然上人絵伝」 　　　「春日権現験記」（高階隆兼）・「石山寺縁起絵巻」 ▶[頂相]：禅僧の肖像画
文学ほか	和歌集	『[新古今和歌集]』（後鳥羽上皇の命，藤原定家ら編） 『金槐和歌集』（源実朝）・『山家集』（西行）
	説話集	『十訓抄』・『古今著聞集』（橘成季）・『沙石集』（無住）
	随筆	『方丈記』（鴨長明）・『徒然草』（兼好法師）
	紀行	『[十六夜日記]』（阿仏尼）・『海道記』・『東関紀行』
	軍記	『[平家物語]』（琵琶法師・平曲）
	歴史	『[愚管抄]』（慈円）・『元亨釈書』（虎関師錬）
	有職故実	[有職故実]（先例・儀式の研究）・『禁秘抄』（順徳天皇）
	学問	[金沢文庫]〔北条（金沢）実時〕 禅僧による宋学（朱子学）伝来
その他	刀剣	藤四郎〔粟田口〕吉光（京都）・〔岡崎〕正宗（鎌倉）・〔長船〕長光（備前）
	書道	青蓮院流…尊円入道親王が創始
	工芸	瀬戸焼（加藤景正）

•••∷ 流れで覚える

◆　治承・寿永の乱で焼損した東大寺の再建の中心となったのが, 勧進上人となった ___1___ である。彼は宋から大仏様の建築様式を輸入し, 宋の工人である ___2___ の協力を得て大仏を修復した。代表的な遺構は ___3___ である。また, 禅宗の発達により禅宗様の建築様式が大陸から伝えられ, ___4___ のように禅宗寺院に用いられた。

◆　彫刻では, 奈良時代の伝統を受け継ぐ奈良(慶)派仏師が活躍した。運慶・快慶は ___3___ の ___5___ を作り, さらに運慶には興福寺に所蔵される法相宗の開祖となる ___6___ とその弟 ___7___ の像, 快慶には東大寺僧形八幡神像の代表作がある。また, 浄土教を広めた空也の像が ___8___ に所蔵されているが, これは康勝の作である。

◆　絵画では, 絵巻物が全盛期を迎えた。菅原道真の生涯を描き, 藤原信実の筆と伝えられる「___9___」, 時宗の開祖の布教活動を描いた「___10___」, 高階隆兼の作では藤原氏の氏神の霊験談を描いた「___11___」や「石山寺縁起絵巻」などが有名である。また, 大和絵による肖像画である ___12___ や, 禅僧の肖像画である ___13___ が描かれた。

◆　文学の世界では, 世の無常を記した鴨長明の『___14___』や兼好法師の『___15___』, 道理の観念で歴史をとらえた慈円の『___16___』, 仏教の歴史をまとめた虎関師錬の『___17___』が著された。武士たちを描く軍記物では琵琶法師により平曲として語られた『___18___』が代表である。また, 説話では橘成季が著した『___19___』, 無住が著した仏教説話の『___20___』があり, 紀行文では訴訟のために鎌倉へ下った阿仏尼の『___21___』がある。和歌では, 後鳥羽上皇の命で藤原定家らが編集した『___22___』, 源実朝の『___23___』, 西行の『___24___』が残る。

◆　公家社会では先例や儀式を研究する ___25___ が発達し, 武家では北条(金沢)実時が武蔵国の称名寺内に ___26___ を設立し, 和漢の書物を集めた。また, 幕府の歴史を編年体で著した『___27___』も編集された。

重要用語チェック

1　重源

2　陳和卿

3　東大寺南大門

4　円覚寺舎利殿

5　金剛力士像

6　無著

7　世親

8　六波羅蜜寺

9　北野天神縁起絵巻

10　一遍上人絵伝

11　春日権現験記

12　似絵

13　頂相

14　方丈記

15　徒然草

16　愚管抄

17　元亨釈書

18　平家物語

19　古今著聞集

20　沙石集

21　十六夜日記

22　新古今和歌集

23　金槐和歌集

24　山家集

25　有職故実

26　金沢文庫

27　吾妻鏡

原始
古墳
飛鳥
奈良
平安
鎌倉
室町
安土桃山
江戸
明治
大正
昭和
平成

23 鎌倉幕府の滅亡から建武の新政へ

◆◆◆ 時代をつかむ

●皇統の分裂から討幕へ　　　　　　　　　　　　持明院統＿＿＿　大覚寺統＿＿＿

年	事項
1246	後嵯峨天皇の譲位，[後深草天皇]の即位
1259	[後深草天皇]の譲位，[亀山天皇]の即位
1272	後嵯峨上皇の遺勅により[亀山天皇]の親政開始…幕府の承認
1274	[亀山天皇]の譲位，後宇多天皇の即位
	※ この後，[両統迭立]へ…幕府の介入
1308	尊治親王（[後醍醐天皇]）立太子
1317	文保の和談（花園天皇から尊治親王への譲位決定）…幕府の介入
1318	花園天皇の譲位，[後醍醐天皇]の即位
1321	院政停止，[後醍醐天皇]の親政開始
1324	正中の変（討幕計画）…幕府に発覚
1331	元弘の変（討幕計画）…[後醍醐天皇]が笠置山で挙兵，捕縛
1332	[後醍醐天皇]，隠岐に配流➡光厳天皇の即位
1333	[後醍醐天皇]，隠岐脱出➡鎌倉幕府の滅亡
	建武の新政の始まり…[後醍醐天皇]の親政
1335	中先代の乱➡建武の新政崩壊

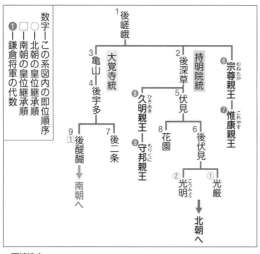

▲両統迭立

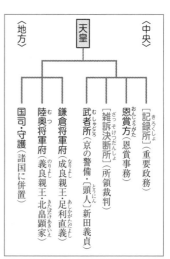

▲建武政権の組織

流れで覚える

◆ 　1　上皇の死後，天皇家ではその子後深草上皇の流れを
引く　2　統と，亀山天皇の流れを引く　3　統に分かれて
皇位継承や荘園の相続をめぐって争った。幕府はたびたび調停を
行い，両統から交互に天皇を出す　4　が行われるようになっ
ていた。このような中で，1318年，　3　統から　5　天皇が
即位した。　5　天皇は院政を廃し，　6　を再興して親政を
行った。

◆ 　幕府では得宗　7　のもとで内管領　8　が権勢をふる
い，得宗専制に対する御家人の不満が高まっていた。この状況の
中，幕府に不満をもつ　5　天皇は密かに幕府を倒そうとしたが，
1324年，計画がもれて失敗し日野資朝らが処分された（　9
の変）。さらに，1331年には挙兵をくわだてて失敗し，天皇は
　10　に流され，幕府によって　2　統から　11　天皇が擁
立された（　12　の変）。

◆ 　畿内近国から討幕の機運が広がり，河内の　13　や，吉野の
護良親王が悪党の勢力を結集して挙兵し，　5　天皇もこの機を
みて　10　を脱出した。幕府はこれらを鎮圧するため，大軍を派
遣したが，指揮官であった　14　が反旗を翻して六波羅探題
を攻略し，関東では　15　が鎌倉を攻略して北条一族を滅ぼし
た。こうして，1333年，鎌倉幕府は滅亡した。

◆ 　京都に戻った　5　天皇は，光厳天皇の即位を否定して，天皇
中心の政治を行った。これを　16　という。重要な政務は
　6　で行い，所領関係の裁判は　17　で扱った。地方には，
成良親王と　18　を鎌倉将軍府，義良親王と　19　を陸奥
将軍府に配置し，国司と守護は諸国に併置した。

◆ 　5　天皇は所領の安堵を天皇の命令文書である　20　に
よって行うこととした。しかし，武家社会の慣習を無視したため，
武士の不満は増大した。1335年，　21　（高時遺児）が挙兵
（　22　の乱）すると，これを鎮圧した　14　は反旗を翻し，新
政は崩壊した。

重要用語チェック

1 後嵯峨上皇
2 持明院統
3 大覚寺統
4 両統迭立
5 後醍醐天皇
6 記録所
7 北条高時
8 長崎高資
9 正中の変
10 隠岐
11 光厳天皇
12 元弘の変
13 楠木正成
14 足利尊氏（高氏）
15 新田義貞
16 建武の新政
17 雑訴決断所
18 足利直義
19 北畠顕家
20 綸旨
21 北条時行
22 中先代の乱

原始
古墳
飛鳥
奈良
平安
鎌倉
室町
安土桃山
江戸
明治
大正
昭和
平成

24 　南北朝の動乱と室町幕府の成立

◆◆ 時代をつかむ

●南北朝の動乱

年	北朝（室町幕府）	年	南朝
1336	光明天皇（持明院統）の擁立 [建武式目] 制定…幕府の施政方針	1336	後醍醐天皇，吉野へ
1338	足利尊氏（高氏），征夷大将軍に就任	1338	北畠顕家，新田義貞の戦死
		1339	後醍醐天皇の死去 ➡後村上天皇の即位
1350	[観応の擾乱]（〜52）➡北朝分裂		
1352	観応の半済令		
1358	尊氏死去。義詮，2代将軍に就任	1361	懐良親王，大宰府を占拠
1368	義満，3代将軍に就任	※	征西府で南朝の抵抗
1371	今川了俊，九州探題に就任		
1378	義満，花の御所造営	1383	懐良親王の死去
1392	南北朝の合体…後亀山天皇（南朝）が後小松天皇（北朝）に譲位		

●室町幕府の組織

●室町幕府の財政

[御料所]（直轄領）…奉公衆の管理
[段銭]（臨時税）…土地に課税
[棟別銭]（臨時税）…家屋に課税
[関銭]（通行税）…関所
[津料]（入港税）…港の使用料
[土倉役]・[酒屋役]…金融業者の営業税
分一銭…徳政令の発行
抽分銭…日明貿易の利益

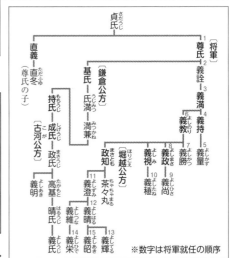

足利氏系図▶

※数字は将軍就任の順序

∴∵∴ 流れで覚える

◆ 1336年，京都を制圧した<u>足利尊氏</u>は，持明院統の [1] 天皇を擁立した（<u>北朝</u>）。一方，<u>後醍醐</u>天皇は [2] を拠点として支配の正統性を主張した（<u>南朝</u>）。北朝では，<u>尊氏</u>が17か条にわたる施政方針として [3] を制定して幕府を開き，弟の [4] と役割を分担して二頭政治を行った。

◆ 南朝側では有力武士が戦死し，<u>後醍醐</u>天皇も1339年に死去した。その後は『<u>神皇正統記</u>』を著した [5] が関東で，[6] が九州で抗戦した。北朝側では執事 [7] と [4] の対立から，尊氏と [4] の兄弟の争いに発展し，1350年，[8] が起こった。これにより北朝は分裂し，動乱は長期化していった。

◆ 動乱の中で，惣領制の解体が進み，嫡子が所領のすべてを相続できる [9] **相続**が一般化した。これにより一族の内部で南北朝に分かれて対立して動乱を拡大させた。幕府は地方武士を動員するために守護の権限を拡大した。<u>大犯三カ条</u>に加えて，田地の稲を一方的に刈り取る [10] を取り締まる権限や，幕府の判決を強制執行する [11] 権が与えられた。さらに荘園の年貢の半分を徴収する権利を認める [12] を出し，その権利を守護が地方武士に分け与えることを認めた。また，荘園領主が荘園の経営や年貢の徴収を守護に任せる [13] をする場合もあった。こうしたなか，地頭などの領主で [14] と呼ばれた地方武士たちは，守護の統制下におかれる一方，<u>一揆</u>を結び，守護に対抗することもあった。

◆ 3代将軍 [15] は1378年，京都の<u>室町</u>に幕府を移し，[16] を営んだ。この頃には動乱はおさまり，1392年，南朝の後亀山天皇が北朝の [17] 天皇に譲位して南北朝の合体が実現した。その後，[15] は1394年，[18] に就任して公武の頂点に立った。

◆ 幕府の組織も整備され，将軍を補佐する役職は [19] と呼ばれ，<u>細川・斯波・畠山</u>（三管領）から任命された。京都の治安維持をする [20] の長官（所司）は<u>山名・赤松・京極・一色</u>（四職）から任命された。守護は在京して幕府に出仕し，領国は守護代に統治させた（<u>守護在京制</u>）。関東には [21] が置かれ，東国の支配を任されていた。その長官である [22] には，尊氏の子 [23] の子孫が代々就任し，しばしば将軍と対立した。その補佐の [24] は [25] 氏が任命された。

重要用語チェック	

1 光明天皇
2 吉野
3 建武式目
4 足利直義（ただよし）
5 北畠親房（ちかふさ）
6 懐良親王
7 高師直（こうのもろなお）
8 観応の擾乱
9 単独相続
10 刈田狼藉（かりたろうぜき）
11 使節遵行（しせつじゅんぎょう）
12 半済令（はんぜいれい）
13 守護請（しゅごうけ）
14 国人（こくじん）
15 足利義満
16 花の御所
17 後小松天皇
18 太政大臣（だいじょうだいじん）
19 管領
20 侍所
21 鎌倉府
22 鎌倉公方
23 足利基氏
24 関東管領
25 上杉氏

▲足利義満

◆◆◆ 時代をつかむ

将軍	事件・争乱	その他
[尊氏（高氏）]	1350 観応の擾乱（〜52）	1336 建武式目の制定 1338 征夷大将軍就任
義詮		
[義満]	1390 土岐康行の乱 1391 明徳の乱 1394 義満，太政大臣へ 1399 応永の乱	1378 花の御所造営 1392 ［南北朝の合体］
[義持]	1416 上杉禅秀の乱	
義量		
[義教]	1438 永享の乱 1440 結城合戦 1441 嘉吉の乱	1428 正長の土一揆 1429 播磨の土一揆
義勝		1441 嘉吉の土一揆
[義政]	1454 享徳の乱（〜77） 1467 ［応仁の乱］（〜77）	
義尚		1485 山城の国一揆（〜93） 1488 加賀の一向一揆（〜1580）

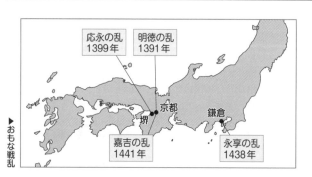

▶おもな戦乱

応永の乱
1399年

明徳の乱
1391年

京都

堺

鎌倉

嘉吉の乱
1441年

永享の乱
1438年

▲足軽 『真如堂縁起』

::::: 流れで覚える

◆　3代将軍の　**1**　は南北朝の動乱の中で強大化した守護の統制のため，有力な守護の勢力削減に努めた。1390年には，美濃・尾張・伊勢の守護を兼ねる土岐康行を討伐し，1391年の　**2**　では，山陰を中心に11カ国の守護を兼ねる一族の内紛に乗じて　**3**　を滅ぼした。1399年の　**4**　では，鎌倉公方の足利満兼と結んで挙兵した周防の　**5**　を討伐した。

◆　4代将軍　**6**　の時代の幕府は比較的安定していた。そのなかで，1416年，前関東管領が鎌倉府の内紛に乗じて上杉禅秀の乱を起こしたが，幕府によって鎮圧された。

◆　6代将軍　**7**　は石清水八幡宮の神前でくじ引きによって選ばれ，専制的な政治を行った。1438年の　**8**　で，幕府は関東管領上杉憲実を支援して将軍に反抗的な鎌倉公方　**9**　を滅ぼした。　**7**　はその後も守護の抑圧を強めたため，播磨の守護大名　**10**　により殺害された（　**11**　）。　**10**　は幕府軍に討伐されたが，将軍の権威は崩れていった。

◆　**8**　後，1440年，下総の結城氏朝が　**9**　の遺子を擁して挙兵したが鎮圧された。その後，　**12**　が鎌倉公方となったが，関東管領の上杉氏と対立し，1454年，享徳の乱が起こった。これを機に鎌倉公方は，下総を拠点とする　**12**　の　**13**　公方と，幕府が派遣した伊豆を拠点とする　**14**　の　**15**　公方に分裂し，上杉氏も山内と扇谷に分かれ争うこととなり，関東は動乱に突入した。

◆　8代将軍　**16**　の後継者をめぐって，弟の　**17**　と実子　**18**　を擁する正室の　**19**　が対立し，管領家である畠山家や斯波家でも家督争いが起こった。これらの争いに当時，勢力を二分していた　**20**　と　**21**　が介入し，全国の守護が　**20**　の西軍と　**21**　の東軍に分かれて京都で争う応仁の乱となった。乱は1477年に終息したが，京都は戦火に焼かれて荒廃した。その一因は　**22**　と呼ばれる傭兵が用いられるようになったことである。この動乱により守護の多くが領国にくだり，全国の守護が在京して幕政に参与する体制は崩壊した。

◆◆◆ 時代をつかむ

●日中・日朝関係の展開

年	日中関係		年	日朝関係	
1325	鎌倉幕府，建長寺船の派遣	元			高麗
1342	足利尊氏，天龍寺船の派遣				
	※[明]の建国(1368)				
				※[朝鮮]の建国(1392)	
1401	[足利義満]，[明]に遣使		1401	足利義満，[朝鮮]に遣使	
1404	[足利義満]，勘合貿易の開始				
1411	[足利義持]，勘合貿易の中断		1419	応永の外寇	
1432	[足利義教]，勘合貿易の再開				
		明	1438	文引の制確立	[朝鮮]
			1443	癸亥約条(嘉吉条約)	
	※大内・細川が中心		1510	三浦の乱	
	(15世紀後半以降)			※以降，日朝貿易衰退	
1523	寧波の乱				
	※大内氏滅亡(1551)により，				
	勘合貿易の断絶				

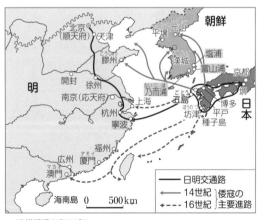

▲15世紀頃の東アジア

▲琉球の三山

⬤⬤⬤ 流れで覚える

◆　蒙古襲来後は正式な国交はなかったが，日元貿易が盛んに行われた。1325年に鎌倉幕府が建長寺船を，1342年に足利尊氏が　1　のすすめで後醍醐天皇の冥福を祈る寺院を創建するため，その費用調達の目的で　2　船を派遣した。

◆　南北朝期，対馬・壱岐・松浦地方の住民を中心とする海賊集団である　3　が朝鮮や中国の沿岸を襲った。1368年，　4　(太祖洪武帝)が明を建国し，中国を中心とする国際秩序の復活をめざした。そのため，明は中国人の海外渡航・貿易を禁止する海禁政策をとり，冊封関係にある国王以外の貿易を認めなかった。　5　は，1401年，僧の　6　と博多商人の　7　を明に派遣して国交を開いた。国交を開くにあたって　5　は明皇帝から「日本国王源道義」宛の返書を受け取り，1404年から貿易を開始した。貿易は　8　形式で行われ，明が発行する渡航許可証である　9　の持参が義務付けられ，寧波で査証された。1411年に4代将軍　10　が　8　形式に反発して中断し，1432年に6代将軍　11　が貿易の利益のため再開した。

◆　15世紀後半，幕府が衰退して中国貿易の実権は，　12　商人と結ぶ大内氏と　13　商人と結ぶ細川氏に移った。両者は貿易の独占を狙い，1523年，　14　を起こした。これにより大内氏は貿易を独占したが，1551年に滅亡して　9　貿易は断絶した。

◆　朝鮮半島では，武将の　15　が　16　を滅ぼし，1392年，朝鮮を建国し，日本と国交が開かれた。貿易は対馬の　17　氏が通交を統制して通交許可証である文引を発行し，三浦に設置された　18　で行われた。貿易は1419年に朝鮮が対馬を襲撃した　19　で一時中断したが，その後，再開された。1510年には朝鮮に居留する日本人が　20　を起こして衰退した。

◆　琉球では，北山・中山・南山の三山が成立して争っていたが，1429年，三山を統一した中山王の　21　により，琉球王国が建国された。琉球王国は王府　22　の外港　23　を拠点に中継貿易で繁栄した。一方，蝦夷ヶ島には本州から渡った和人が進出し，安藤(東)氏が支配する津軽の　24　を通じてアイヌと産物を交易していた。しかし，和人の圧迫がしだいに強まり，1457年，アイヌは大首長　25　を中心に蜂起したが，　26　氏が鎮圧して蝦夷地の支配者へと成長した。

重要用語チェック

1　夢窓疎石
2　天龍寺船

3　倭寇
4　朱元璋
5　足利義満
6　祖阿
7　肥富
8　朝貢形式
9　勘合
10　足利義持
11　足利義教

12　博多
13　堺
14　寧波の乱

15　李成桂(イ ソンゲ)
16　高麗
17　宗氏
18　倭館
19　応永の外寇
20　三浦の乱

21　尚巴志
22　首里
23　那覇
24　十三湊
25　コシャマイン
26　蠣崎氏

原始 / 古墳 / 飛鳥 / 奈良 / 平安 / 鎌倉 / 室町 / 安土桃山 / 江戸 / 明治 / 大正 / 昭和 / 平成

時代をつかむ

●室町時代の経済

農業	[二毛作] (米・麦)…西日本から東日本 (関東) へ広がる 三毛作 (米・麦・蕎麦)…畿内で始まる 品種改良…早稲・中稲・晩稲, 大唐米の広がり 自給肥料…刈敷・草木灰に加えて下肥 (人糞尿) の使用 商品作物…苧・桑・楮・漆・藍・茶, 三河で木綿栽培 (戦国時代より)
商業 交通	[座] の発達…大山崎油神人 (油座)・北野神社酒麴座・祇園社綿座 定期市…応仁の乱後, [六斎市] (月6回) へ 行商人…連雀商人・桂女 (鮎)・大原女 (炭・薪) [見世棚] の一般化…京都などの大都市 問屋…卸売業者 馬借・車借…陸上の輸送業者, 近江坂本の馬借など
貨幣 金融	輸入銭…明銭の使用, 永楽通宝・洪武通宝・宣徳通宝など [為替] (割符) の使用が広がる 撰銭…粗悪な私鋳銭の流通により良質の貨幣を選ぶ 撰銭令…幕府や戦国大名は流通の円滑化をはかり, 撰銭の規制 金融…[酒屋]・[土倉]・寺院 (高利貸業者)

●惣 (惣村) の形成…自治村の形成

背景	戦乱・飢饉からの自衛, 共有地 (入会地) の管理
指導者	乙名・沙汰人・年寄など, 地侍層
運営	[宮座]…神社の祭礼組織, 惣結合の中心 寄合…村民の会議を中心に運営 [惣掟] ([村法]・[村掟])…村人が守るべき規約 地下検断 (自検断)…村人による警察権の行使 [地下請] ([村請]・[百姓請])…領主への年貢納入は村でまとめて行う
抵抗	年貢減免や荘官の罷免を要求する 一揆を結び, 強訴や逃散などの実力行使

●土一揆の発生…徳政 (債務破棄) などを要求

年	一揆	内容
1428	正長の徳政一揆	近江坂本の馬借の蜂起より, 私徳政を行う
1429	播磨の土一揆	守護赤松氏の家臣の国外退去要求
1441	嘉吉の徳政一揆	「代始め」の徳政要求, 幕府初の徳政令発令

∵∴∷ 流れで覚える

◆　室町時代には，二毛作が広がるとともに，畿内では三毛作も行われた。稲の品種改良も進み，早稲・中稲・晩稲も普及し，また，災害に強い輸入品種の　__1__　も栽培された。肥料は刈敷・草木灰に加えて　__2__　も使われるようになった。

◆　商工業者の組合である　__3__　も増加し，なかには大寺社や天皇家から与えられた神人・供御人の称号を根拠に特権を与えられるものもあった。石清水八幡宮を本所とする　__4__　油神人（油座）が有名である。定期市は応仁の乱後，　__5__　が一般化した。荘官や農民たちは，市で農産物を売却して貨幣を入手し，年貢を銭納した。そのため，年貢として納められていた生産物が商品として流通するようになった。また，行商人では連雀商人や，鮎売りの　__6__　，炭・薪を売る　__7__　などの女性もいた。京都などの大都市では常設店舗の　__8__　が一般化し，さらに卸売業者の　__9__　も発達した。

◆　貨幣経済も進展し，遠隔地取引が拡大したことで　__10__　の使用が広がった。貨幣は従来の宋銭とともに，永楽通宝などの　__11__　が使用されたが，粗悪な私鋳銭も流通したため，悪銭を嫌い良銭を選ぶ　__12__　が行われ，流通が混乱した。幕府や戦国大名は　__13__　を出し，貨幣流通の円滑化をはかった。また，金融業者の活動も盛んとなり，酒屋などの商工業者には　__14__　と呼ばれた高利貸しを兼ねるものが多かった。

◆　鎌倉時代後期，荘園や公領の内部には百姓たちが自治をする村である　__15__　が生まれ，南北朝期には各地に広がっていった。村では有力農民である地侍・名主から新たに成長した小百姓までが構成員となり，神社の祭礼組織である　__16__　を中心に結束した。村は乙名・沙汰人・年寄などの指導者を中心に　__17__　という会議で運営され，村の規則である　__18__　を定めた。治安維持のため，村民が　__19__　を行い，警察権を行使した。領主への年貢などを村でまとめて納める　__20__　も行われた。

◆　__15__　の百姓は要求を通すため，一揆を結んで実力行使をすることもあった。1428年には近江坂本の　__21__　の蜂起から債務破棄を要求する　__22__　の徳政一揆が起こり，それに呼応して翌年，赤松軍の退去を要求する　__23__　の土一揆が起こった。6代将軍　__24__　の殺害をきっかけに，1441年，　__25__　の徳政一揆が起こり，この時に幕府は初めて徳政令を発令した。

重要用語チェック

1 大唐米
2 下肥
3 座
4 大山崎
5 六斎市
6 桂女
7 大原女
8 見世棚
9 問屋
10 為替
11 明銭
12 撰銭
13 撰銭令
14 土倉
15 惣（惣村）
16 宮座
17 寄合
18 惣掟（村法・村掟）
19 地下検断（自検断）
20 地下請
（村請・百姓請）
21 馬借
22 正長の徳政一揆
23 播磨の土一揆
24 足利義教
25 嘉吉の徳政一揆

原始　古墳　飛鳥　奈良　平安　鎌倉　室町　安土桃山　江戸　明治　大正　昭和　平成

❖ 時代をつかむ

●新仏教の発展

<table>
<tr>
<td rowspan="2">臨済宗
（りんざいしゅう）</td>
<td colspan="2">▶幕府の保護を受けて発展</td>
</tr>
<tr>
<td colspan="2">
夢窓疎石…足利尊氏（高氏）の帰依，天龍寺の創建
［五山・十刹の制］…南宋の官寺の制にならい，義満時代に確立
僧録司…五山の統轄，初代僧録春屋妙葩
五山の上＝［南禅寺］
京都五山＝天龍寺・相国寺・建仁寺・東福寺・万寿寺
鎌倉五山＝建長寺・円覚寺・寿福寺・浄智寺・浄妙寺
五山文学…宋学の研究や漢詩文の創作（義堂周信・絶海中津）
▶［林下］…在野寺院で民間布教，大徳寺（一休宗純）・妙心寺，曹洞宗系の寺院
</td>
</tr>
<tr>
<td>浄土真宗
（一向宗）</td>
<td colspan="2">
惣（惣村）を基盤に北陸・近畿・東海地方へと広がる
本願寺の［蓮如］の布教…教義を御文で説き，門徒を講に組織
寺内町が拠点…越前吉崎道場・山科本願寺・石山本願寺など
門徒は各地で［一向一揆］➡戦国大名と対立（加賀の一向一揆など）
</td>
</tr>
<tr>
<td>日蓮宗
（法華宗）</td>
<td colspan="2">
京都の町衆（商工業者）に広がる
［日親］の布教…『立正治国論』を足利義教に提出➡鍋冠り上人
［法華一揆］（1532）…山科本願寺の焼打ち，一向一揆と対立
天文法華の乱（1536）…延暦寺による日蓮宗寺院の焼打ち
</td>
</tr>
<tr>
<td>神道</td>
<td colspan="2">［唯一神道］（吉田兼倶）…神道を中心に儒教・仏教を統合</td>
</tr>
</table>

●室町時代の学問・思想・その他

<table>
<tr>
<td rowspan="3">南北朝期</td>
<td>歴史書</td>
<td>『増鏡』…鎌倉幕府滅亡を公家の立場で書く
『［神皇正統記］』（北畠親房）…南朝の正統性を主張</td>
</tr>
<tr>
<td>軍記物</td>
<td>『梅松論』…足利幕府の正統性と一門の繁栄を書く
『［太平記］』…南北朝の動乱について記す
『難太平記』（今川了俊）…『太平記』の誤りを正す</td>
</tr>
<tr>
<td>有職故実</td>
<td>『職原抄』（北畠親房）
『建武年中行事』（後醍醐天皇）</td>
</tr>
<tr>
<td rowspan="3">東山期</td>
<td>有職故実</td>
<td>『公事根源』（一条兼良）</td>
</tr>
<tr>
<td>古典研究</td>
<td>『花鳥余情』（一条兼良）…『源氏物語』の注釈</td>
</tr>
<tr>
<td>政治意見</td>
<td>『樵談治要』（一条兼良）…足利義尚の諮問に答える</td>
</tr>
</table>

:::::● 流れで覚える

◆　臨済宗は禅僧が政治・外交顧問として活躍するなど室町幕府の保護で発展した。　1　は足利尊氏の帰依を受け，　2　寺を開いた。足利義満の時代には，南宋の官寺の制の影響を受けた<u>五山・十刹の制</u>も完成した。その統轄のため，相国寺には<u>僧録司</u>が置かれ，　3　が初代の<u>僧録</u>となった。五山の上には別格として　4　寺が置かれた。禅僧は，宋学の研究や漢詩文の創作なども盛んに行い，義満の頃，最高峰といわれた　5　や<u>義堂周信</u>が出て<u>五山文学</u>が最盛期を迎えた。

◆　<u>五山</u>は<u>応仁の乱</u>後，保護者であった幕府とともに衰退したが，幕府に統制されない在野の禅宗寺院は　6　と呼ばれ地方武士や民衆の支持を受けて発展した。<u>一休宗純</u>が出た　7　や<u>妙心寺</u>，曹洞宗系の寺院がそれにあたる。

◆　<u>浄土真宗</u>（一向宗）では，応仁の乱の頃，本願寺の　8　が教義を平易な文章の　9　で説き，　10　を組織して惣（惣村）を基盤として勢力を拡大した。本願寺の勢力は，近畿・東海・北陸地方に広まり，<u>一向一揆</u>を結んで，戦国大名と対立した。

◆　<u>日蓮宗</u>（法華宗）では，　11　が布教活動を行い，京都の町衆に広がっていった。　11　は6代将軍の足利義教に『　12　』を提出して，弾圧された。また，1532年には　13　を起こし，一向一揆に対抗した。その後，1536年には延暦寺により日蓮宗寺院が焼打ちされる　14　が起こり，　13　は終息した。

◆　南北朝時代には，動乱を背景に歴史書や軍記物が作成された。『　15　』は公家の立場から鎌倉幕府滅亡を描き，<u>北畠親房</u>は『　16　』で南朝の正統性を説いた。軍記物では南北朝の動乱を描く『　17　』や，足利幕府の正統性を説く『　18　』などが書かれた。また，有職故実書では，<u>北畠親房</u>の『　19　』や　20　の『建武年中行事』が書かれた。

◆　東山期には，室町時代随一の学者といわれた　21　が，有職故実書の『　22　』や，政治意見書である『　23　』などを著した。

重要用語チェック
1 夢窓疎石
2 天龍寺
3 春屋妙葩
4 南禅寺
5 絶海中津
6 林下
7 大徳寺
8 蓮如
9 御文
10 講
11 日親
12 立正治国論
13 法華一揆
14 天文法華の乱
15 増鏡
16 神皇正統記
17 太平記
18 梅松論
19 職原抄
20 後醍醐天皇
21 一条兼良
22 公事根源
23 樵談治要

原始
古墳
飛鳥
奈良
平安
鎌倉
室町
安土桃山
江戸
明治
大正
昭和
平成

時代をつかむ

項目		内容
美術	建築	足利義満が創建：[金閣](鹿苑寺)…寝殿造・禅宗様 足利義政が創建：[銀閣](慈照寺)…[書院造]・禅宗様 　　慈照寺東求堂同仁斎(書院造) [枯山水]…水を使わず砂と石で自然を表現する。山水河原者(庭師) 龍安寺石庭・大徳寺大仙院庭園・西芳寺庭園(苔寺)
	絵画	▶水墨画…禅僧により宋・元から伝えられる 明兆・[如拙](「瓢鮎図」)・周文・[雪舟](「四季山水図巻」) ▶土佐派…土佐光信(宮廷絵所預) ▶[狩野派]…水墨画に大和絵の技法を取り入れる 狩野正信・狩野元信(「大仙院花鳥図」)
芸能	連歌	和歌の上の句と下の句を複数の人が交互に詠む 南北朝期：[二条良基]…『菟玖波集』・『応安新式』 東山期：[宗祇]…正風連歌，『新撰菟玖波集』 　　　　　　　『水無瀬三吟百韻』(宗祇・肖柏・宗長) 戦国期：[宗鑑]…俳諧連歌，『犬筑波集』
	能	▶大和猿楽四座(興福寺の保護)…観世座・宝生座・金剛座・金春座 観世座の観阿弥・[世阿弥]➡足利義満の保護で猿楽能の完成 『風姿花伝(花伝書)』…世阿弥の芸術論 謡曲…能の脚本 ▶狂言…猿楽の喜劇性より発展した庶民劇
	喫茶	南北朝期：茶寄合の流行➡闘茶が行われる 東山期：[侘茶]…村田珠光創始➡武野紹鷗➡千利休が完成
	生花	立花…池坊専慶が大成
その他	教育	▶[足利学校]再興(15世紀中頃)…関東管領上杉憲実による ▶薩南学派：桂庵玄樹…薩摩の島津氏などに講義 ▶庶民教育：寺院で行う 　教科書…『庭訓往来』『御成敗式目』など 　『節用集』…いろは引きの辞書
	その他	御伽草子…『物くさ太郎』『一寸法師』など 小歌…『閑吟集』

流れで覚える

◆ 3代将軍足利義満は，北山山荘（のちの ▢1 寺）に寝殿造と禅宗様を組み合わせた ▢2 を営んだ。8代将軍の足利義政は，東山山荘（のちの ▢3 寺）に2層からなる仏殿の ▢4 を建てた。東山山荘の東求堂同仁斎には，和風住宅の原型となった ▢5 がみられる。また，住宅や寺院の庭園には，砂と石で自然を表現した ▢6 の庭園が作られ，虎の子渡しといわれる ▢7 石庭や夢窓疎石作と伝えられる ▢8 庭園が有名である。

◆ 絵画では禅宗の影響を受けた水墨画が発展した。五山僧のなかから明兆，「瓢鮎図」を描いた ▢9 ，周文，東山期には「四季山水図巻」を描いた ▢10 が出て日本的な水墨画を大成した。大和絵では，応仁の乱後，▢11 が出た。また，水墨画に大和絵の手法を取り入れた ▢12 ・ ▢13 父子は狩野派をおこした。

◆ 連歌では，南北朝期に ▢14 が連歌集である『菟玖波集』を編集し，規則書として『 ▢15 』を著した。東山期に出た ▢16 は ▢17 を確立し，『新撰菟玖波集』を撰し，肖柏・宗長とともに『 ▢18 』を詠んだ。▢19 は滑稽さを取り入れた俳諧連歌を創始し，『犬筑波集』を編集した。

◆ 能は各地で盛んに興行されるようになった。興福寺を本所とする大和猿楽四座の ▢20 座から出た ▢21 ・ ▢22 父子は，義満の保護のもと猿楽能を大成した。▢22 はその芸術論を『風姿花伝（花伝書）』に著した。

◆ 南北朝期には，茶寄合が行われ，茶の味を飲み分けて賭物を争う ▢23 が流行した。東山期には，禅の精神を取り入れた侘茶が ▢24 によって創始され，茶道の源流となった。また，床の間を飾る立花は ▢25 が大成した。

◆ 関東では，15世紀中頃，関東管領の上杉憲実により，▢26 が再興され，高度な教育が行われた。薩摩の島津氏は ▢27 を招いて，儒学の講義を受けた。庶民教育も発達し，手紙の文例集である『 ▢28 』や，辞書である『節用集』が使われた。

1	鹿苑寺
2	金閣
3	慈照寺
4	銀閣
5	書院造
6	枯山水
7	龍安寺
8	西芳寺
9	如拙
10	雪舟
11	土佐光信
12	狩野正信
13	狩野元信
14	二条良基
15	応安新式
16	宗祇
17	正風連歌
18	水無瀬三吟百韻
19	宗鑑
20	観世座
21	観阿弥
22	世阿弥
23	闘茶
24	村田珠光
25	池坊専慶
26	足利学校
27	桂庵玄樹
28	庭訓往来

原始 古墳 飛鳥 奈良 平安 鎌倉 室町 安土桃山 江戸 明治 大正 昭和 平成

❖❖❖ 時代をつかむ

●戦国大名の出自

出自	人物
守護大名	今川(駿河)・[武田](甲斐) [大内](周防)・[島津](薩摩)など
守護代	[朝倉](越前)・織田(尾張) 長尾(越後)など
国人など	[北条](伊豆)・浅井(近江) [毛利](安芸)・長宗我部(土佐)など

●戦国大名の家臣団と寄親・寄子制

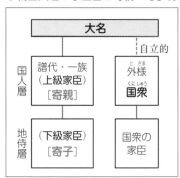

●分国法

名称	領国	大名
大内氏掟書	周防	大内氏
朝倉孝景条々	越前	朝倉氏
[今川仮名目録]	駿河	今川氏
[塵芥集]	陸奥	伊達氏
甲州法度之次第	甲斐	武田氏
結城氏新法度	下総	結城氏

●中世のおもな都市

城下町	小田原(北条氏)・[山口](大内氏) 府内(大友氏)・[一乗谷](朝倉氏)
門前町	[宇治・山田](伊勢神宮)・坂本(延暦寺) 長野(善光寺)など
寺内町	[石山](摂津)・富田林(河内)・今井(大和)
港町	坊津(薩摩)・敦賀(越前)・堺・博多
自治都市	[堺](会合衆)・[博多](年行司) [京都](町衆)

▶ 16世紀中頃の群雄割拠とおもな都市

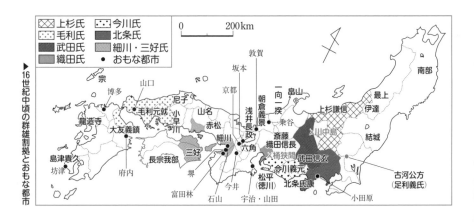

流れで覚える

◆ 応仁の乱の頃から，国人たちのなかには地域の秩序を維持するため，国一揆を結成する者もいた。1485年に始まった [1] では畠山氏の軍を国外に追放し，国掟を定め，8年間の自治を行った。1488年には [2] が起こり，浄土真宗門徒が守護の [3] を倒し，織田信長に鎮圧されるまで約100年間続いた。これらは下位の者が上位の者を実力で凌駕する [4] で，この時代の特徴であった。

◆ 応仁の乱後，各地に幕府から自立した独自の権力である戦国大名が現れた。幕府の実権は管領細川氏から家臣の [5]，さらに [6] へ移った。享徳の乱後，混乱状態が続いていた関東では，堀越公方を滅ぼして伊豆を奪った [7] が勢力をのばした。中国地方では，守護大名大内氏が家臣の [8] に領国を奪われ，さらに安芸の国人 [9] がこれにかわった。

◆ 戦国大名は，国人や地侍を家臣に組み入れ，新たに征服した土地などで自己申告方式の [10] を行い，農民を直接把握した。一方で家臣の収入額を銭に換算した [11] で所領を把握し，その地位・収入を保障する代わりに [11] に見合った軍役を負担させた。さらに大名は地侍層を有力家臣の統制下に置く [12] 制によって家臣団を組織化した。また，城下町を整備し，市座をなくして自由な取引を保障する [13] を出すなど，経済の活性化をはかった。

◆ 戦国大名の中には，家臣団統制や領国支配のために [14] を制定する者もいた。これらは旧来の法を受け継ぎながら，一方で家臣間の私闘を禁じ，紛争の解決を大名の裁判にゆだねさせる [15] のような新しい性格を示すものもあった。伊達氏の『 [16] 』，武田氏の『 [17] 』，「駿遠両国之輩」で始まる『 [18] 』，城下町である越前 [19] への集住を命じた『朝倉孝景条々』などがある。

◆ 戦国時代には各地の都市が発達し，商工業者が盛んに活動した。寺社の周辺に広がった [20]，本願寺を核とした [21]，戦国大名の城下町，交通の要所である港町が発達した。また，自治都市も現れ，堺では36人の [22]，博多では12人の [23]，京都では [24] より選ばれた [25] が運営の中心となった。

重要用語チェック

1 山城の国一揆
2 加賀の一向一揆
3 富樫政親
4 下剋上
5 三好長慶
6 松永久秀
7 北条早雲（伊勢宗瑞）
8 陶晴賢
9 毛利元就
10 指出検地
11 貫高
12 寄親・寄子制
13 楽市令
14 分国法
15 喧嘩両成敗法
16 塵芥集
17 甲州法度之次第
18 今川仮名目録
19 一乗谷
20 門前町
21 寺内町
22 会合衆
23 年行司
24 町衆
25 月行事

原始 古墳 飛鳥 奈良 平安 鎌倉 室町 安土桃山 江戸 明治 大正 昭和 平成

31 ヨーロッパ人の来航

◆◆◆ 時代をつかむ

●南蛮貿易

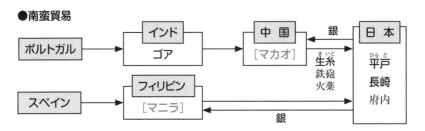

●来日した宣教師

宣教師	事項
[フランシスコ゠ザビエル]	1534年，イエズス会(耶蘇会)創立。マラッカで日本人ヤジローに会い，1549年，鹿児島へ来航。西日本で1551年まで布教
ガスパル゠ヴィレラ	室町幕府の布教許可を得る。『耶蘇会士日本通信』で堺に関する書簡がある
ルイス゠フロイス	織田信長・豊臣秀吉の保護を受ける。『日本史』を著す
オルガンチノ	織田信長の信任を得て，京都に南蛮寺，安土にセミナリオを建設
ヴァリニャーニ	大村純忠・有馬晴信・大友義鎮(宗麟)の3人のキリシタン大名に[天正遣欧使節](1582～90)を派遣させて同行。金属の活字による活字印刷術を伝える

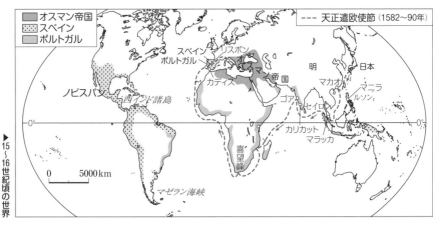

▶15～16世紀頃の世界

∷∷●∷∷ 流れで覚える

◆　15世紀後半から16世紀になると，ヨーロッパ諸国はキリスト教の布教や海外貿易の拡大をめざして世界に進出した。<u>ポルトガル</u>はインドの　**1**　，中国の　**2**　を，<u>スペイン</u>はフィリピンの　**3**　を拠点として，それぞれ東アジアへ進出した。当時，<u>明</u>が　**4**　政策をとって私貿易を禁止するなか，中国人の<u>倭寇</u>が日明間で密貿易を行い，ヨーロッパ人は東アジアの中継貿易に参入した。

◆　1543年，ポルトガル人を乗せた中国人倭寇の船が　**5**　に漂着し，島主の　**6**　は鉄砲2丁を購入した。間もなく鉄砲は国産化が進み，和泉の　**7**　，紀伊の　**8**　，近江の<u>国友</u>などで生産された。その結果，足軽隊が登場して騎馬戦中心の戦術が変化し，城の防御構造も変化させた。

◆　　**9**　と呼ばれたポルトガル人やスペイン人が，肥前の　**10**　などに来航し，盛んに貿易が行われた（<u>南蛮貿易</u>）。貿易は宣教師の布教活動と一体化して行われた。ポルトガル人は中国産の　**11**　や鉄砲・火薬などをもたらし，日本で産出した　**12**　と交易した。　**12**　は博多商人の　**13**　が<u>灰吹法</u>という精錬技術を伝えたことで飛躍的に生産力がのびた。

◆　1549年，<u>イエズス会</u>の宣教師　**14**　が　**15**　に来航し，大内義隆・大友義鎮（宗麟）らの保護で布教活動を行った。その後も，『<u>耶蘇会士日本通信</u>』で本国に堺の報告をした　**16**　や，織田信長・豊臣秀吉などの保護を受け，『<u>日本史</u>』を著した　**17**　など多くの宣教師が来航した。宣教師は教会堂にあたる　**18**　や，宣教師養成学校の　**19**　，神学校の　**20**　などをつくって布教活動を進めた。

◆　戦国大名は，貿易のためにキリスト教を保護し，なかには洗礼を受ける<u>キリシタン</u>大名もいた。そのうち，豊後の　**21**　，肥前の<u>有馬晴信</u>・　**22**　は，宣教師　**23**　のすすめで，1582年に伊東マンショ・千々石ミゲル・中浦ジュリアン・原マルチノの4人の少年をローマに派遣した（　**24**　）。

重要用語チェック

1　ゴア
2　マカオ
3　マニラ
4　海禁政策

5　種子島
6　種子島時堯
7　堺
8　根来・雑賀

9　南蛮人
10　平戸
11　生糸
12　銀
13　神谷寿禎

14　フランシスコ＝ザビエル
15　鹿児島
16　ガスパル＝ヴィレラ
17　ルイス＝フロイス
18　南蛮寺
19　コレジオ
20　セミナリオ

21　大友義鎮（宗麟）
22　大村純忠
23　ヴァリニャーニ
24　天正遣欧使節

原始
古墳
飛鳥
奈良
平安
鎌倉
室町
安土桃山
江戸
明治
大正
昭和
平成

時代をつかむ

●織田信長の統一過程

年	事項
1560	[桶狭間の戦い]…今川義元を破る
1568	15代将軍足利義昭を擁立
1570	姉川の戦い…近江の浅井氏と越前の朝倉氏を破る
	石山戦争始まる
1571	延暦寺の焼打ち
1573	足利義昭を京都から追放…室町幕府の滅亡
1575	[長篠合戦]…武田勝頼に大勝
1576	安土城の築城（1579年完成）
1577	安土城下を楽市とする
1580	石山戦争終結…本願寺の顕如と和睦
1582	[本能寺の変]…明智光秀に攻められて自害

●豊臣秀吉の統一過程

年	事項
1582	山崎の合戦…明智光秀を討つ
	[太閤検地]を開始（～98）
1583	賤ヶ岳の戦い…柴田勝家を破る
	大坂城の築城開始（1588年完成）
1584	小牧・長久手の戦い…織田信雄・徳川家康と和睦
1585	[関白]に任命される
	四国平定…長宗我部元親をくだす　　九州に惣無事令を出す
1586	関東・奥羽に惣無事令を出す，太政大臣に任命される
1587	九州平定…島津義久をくだす
	[バテレン追放令]…宣教師の国外退去を命じる
1588	[刀狩令]…農民の武器を没収
	海賊取締令　　聚楽第に後陽成天皇を迎える
1590	小田原攻め（北条氏政）　　奥州平定…伊達政宗の服属
1591	人掃令（身分統制令）
1592	[文禄の役]（壬辰倭乱）（～93）…朝鮮侵略
1597	[慶長の役]（丁酉倭乱）（～98）…秀吉の死により朝鮮から撤兵

●豊臣政権の政治・経済体制

[五大老]（政治顧問）…徳川家康・前田利家・毛利輝元・宇喜多秀家・上杉景勝
[五奉行]（実務担当）…浅野長政・増田長盛・石田三成・前田玄以・長束正家
直轄領＝[蔵入地]，佐渡金山・生野銀山・大森銀山などの直轄，[天正大判]鋳造

∷∷∷∷ 流れで覚える

◆　尾張の織田信長は，1560年，桶狭間の戦いで　 1 　を破った。そして，　 2 　を室町幕府の15代将軍に立てたが，のちに京都から追放した。さらに延暦寺を焼打ち（1571）し，1575年の長篠合戦では　 3 　を倒した。1580年には石山本願寺を屈服させたが，1582年，　 4 　で明智光秀に襲撃され自害した。

◆　豊臣秀吉は，1582年，　 5 　で明智光秀を討ち，翌年，賤ヶ岳の戦いで　 6 　を破り，信長の後継者としての地位を確立した。1584年，小牧・長久手の戦いで　 7 　らと和睦すると，その後，四国の　 8 　，九州の　 9 　を平定し，ついに1590年には小田原の　 10 　を滅ぼし，伊達政宗が服属したことで全国統一を完了した。一方で秀吉は関白・太政大臣になり，　 11 　天皇を京都の　 12 　に招くなど朝廷の権威を利用した。

◆　秀吉が占領地に実施した検地を太閤検地という。この検地では，まちまちであった枡の容量を　 13 　に統一し，田畑・屋敷地の面積・石盛を調査して生産力を米量に換算した　 14 　を定めた。検地の際には村の境界を確定する村切が行われ，村ごとに田地・百姓を登録した　 15 　が作成された。それにより，百姓は村の総石高である　 16 　に応じた年貢・諸役の負担が義務づけられた。一方，秀吉は大陸侵攻に向けて1591年，全国の大名に国絵図と　 17 　を提出させ，全国の土地の掌握をはかった。これにより大名が石高に見合った軍役を奉仕する体制ができあがった。1588年には，　 18 　で農民から武器を没収して一揆を防止するとともに，1591年には，　 19 　で武家奉公人が町人・百姓になることなどを禁じ，1592年には　 20 　を出して全国の戸口調査を行った。これらの政策により兵農分離が進んだ。

◆　秀吉は，　 21 　が長崎の一部をイエズス会に寄進しているのを知り，1587年，　 22 　を出し，宣教師の国外退去を命じた。しかし，南蛮貿易を奨励していたため，宣教師の追放は不徹底に終わった。また，秀吉は　 23 　を出して倭寇などを禁止して海上支配を強化した。明の衰退を背景に，秀吉は日本を中心とする東アジア秩序をめざして朝鮮に服属を要求したが拒否された。その肥前の　 24 　に本陣を築き，朝鮮侵略を断行した（文禄の役・慶長の役）。しかし，朝鮮水軍の　 25 　の活躍や明の援軍などにより戦局は不利になり，秀吉の死により撤退した。

重要用語チェック

1 今川義元

2 足利義昭

3 武田勝頼

4 本能寺の変

5 山崎の合戦

6 柴田勝家

7 徳川家康

8 長宗我部元親

9 島津義久

10 北条氏政

11 後陽成天皇

12 聚楽第

13 京枡（きょうます）

14 石高（こくだか）

15 検地帳

16 村高（むらだか）

17 御前帳（検地帳）（ごぜんちょう）

18 刀狩（令）

19 身分統制令

20 人掃令

21 大村純忠（おおむらすみただ）

22 バテレン追放令

23 海賊取締令

24 名護屋（なごや）

25 李舜臣（イ スンシン）（りしゅんしん）

❖❖❖ 時代をつかむ

項目		内容
美術	建築	▶城郭建築：平地に建造，天守閣を備える 安土城・大坂城・伏見城・[姫路城] 伏見城遺構…都久夫須麻神社本殿 聚楽第遺構…大徳寺唐門・西本願寺飛雲閣 ▶茶室建築：妙喜庵茶室(待庵)(千利休)
	絵画	障壁画…城郭などの内部を飾る　[濃絵]…金箔地に青・緑を彩色 狩野派：[狩野永徳]（「唐獅子図屛風」) 　　　　狩野山楽（「松鷹図」) 海北友松（「山水図屛風」)，[長谷川等伯]（「松林図屛風」)，「智積院襖絵」
	その他	欄間彫刻：透し彫 蒔絵…「高台寺蒔絵」
その他	茶道	[千利休]…侘茶の大成 北野大茶湯(北野大茶会)(1587)…秀吉が開催
	芸能	出雲阿国のかぶき踊り(阿国歌舞伎) 人形浄瑠璃…三味線の伴奏で操り人形を動かす 小歌…高三隆達の隆達節
	生活	衣服：小袖…男性は袴，女性は着流し 食事：朝夕2回から3回 住居：農村は萱葺屋根，京都などでは瓦屋根が多くなる
	南蛮文化	天文学・医学・地理学などが伝わる 南蛮屛風…西洋画の影響を受ける 活字印刷術…ヴァリニャーニが伝える [キリシタン版(天草版)]…『平家物語』『伊曽保物語』『日葡辞書』

▲「唐獅子図屛風」(狩野永徳)

▲阿国歌舞伎

▲天草版『平家物語』

∴∴∴ 流れで覚える

◆　城郭建築は，平地につくられ，重層の　**1**　を備える。五層七重の　**1**　を持っていたといわれる　**2**　や，白鷺城とも呼ばれる　**3**　が有名である。また，　**4**　の遺構と伝えられる大徳寺唐門，　**5**　の遺構である都久夫須麻神社本殿などが現存する。

◆　城郭内部の襖・壁・屏風には，金箔地に青・緑で彩色した　**6**　などの障壁画が描かれた。狩野派では，「唐獅子図屛風」を描いた　**7**　や，その門人で「松鷹図」を描いた　**8**　が出た。また，「山水図屏風」を描いた　**9**　，「松林図屏風」を描いた　**10**　も有名である。朝鮮侵略の際には，活字印刷術が伝えられ，後陽成天皇の命で　**11**　が出版された。

◆　都市部で活躍する町衆も，この時代の文化の担い手となった。堺の豪商であった　**12**　は茶道を確立し，豊臣秀吉など諸大名の保護を受けた。秀吉は，1587年，　**13**　で茶会を開き，貧富・身分の差別なく参加させた。また，　**12**　は秀吉の命で　**14**　茶室（待庵）を作った。庶民の娯楽として　**15**　が京都でかぶき踊りを始めた。三味線の伴奏に合わせて操り人形を動かす　**16**　や，堺の　**17**　が小歌に節をつけた隆達節も流行し，人気があった。

◆　庶民の衣服には　**18**　が一般に用いられるようになり，男性は礼服に袴を用い，女性は着流しが普通となった。食事は朝夕2回から3回になり，京都など都市の住居では　**19**　屋根が多くなった。

◆　南蛮貿易が盛んになり，宣教師の布教が進むと，西洋の文化が発達した。宣教師は天文学・医学・地理学などの実用的な学問を伝えた。さらに，油絵や銅版画など西洋画の技法が伝わり，その影響を受けた　**20**　も描かれた。また，ヴァリニャーニによって鉛活字の印刷術も伝えられ，『平家物語』や『日葡辞書』などの　**21**　も出版された。

重要用語チェック

1　天守閣
2　安土城
3　姫路城
4　聚楽第
5　伏見城

6　濃絵
7　狩野永徳
8　狩野山楽
9　海北友松
10　長谷川等伯
11　慶長勅版

12　千利休
13　北野
14　妙喜庵茶室
15　出雲阿国
16　人形浄瑠璃
17　高三隆達

18　小袖
19　瓦

20　南蛮屏風
21　キリシタン版
　　（天草版）

原始
古墳
飛鳥
奈良
平安
鎌倉
室町
安土桃山
江戸
明治
大正
昭和
平成

時代をつかむ

将軍	大御所	年	事項
徳川家康	―	1600	[関ヶ原の戦い]
		1603	家康，征夷大将軍就任◀後陽成天皇による
徳川秀忠	家康	1605	秀忠，征夷大将軍就任
		1614	大坂冬の陣 ┐
		1615	大坂夏の陣 ┘ 大坂の役➡豊臣家滅亡
			一国一城令
			[元和の武家諸法度]…起草：崇伝
			[禁中並公家諸法度]…朝廷統制法
		1616	家康死去
徳川家光	秀忠	1623	家光，征夷大将軍就任
		1629	[紫衣事件]…後水尾天皇が勅許した紫衣を取り消し
			➡抗議した沢庵を出羽に配流
			後水尾天皇退位
			➡明正天皇（女帝）即位
		1632	秀忠死去
	―	1635	[寛永の武家諸法度]…[参勤交代]の制度化

●江戸幕府の職制

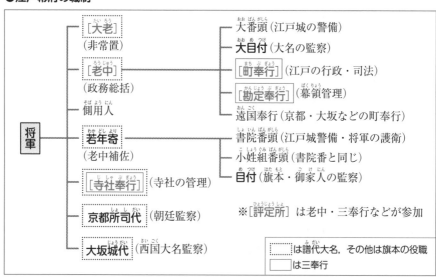

- 将軍
  - [大老]（非常置）
  - [老中]（政務総括）
    - 大番頭（江戸城の警備）
    - 大目付（大名の監察）
    - [町奉行]（江戸の行政・司法）
    - [勘定奉行]（幕領管理）
    - 遠国奉行（京都・大坂などの町奉行）
  - 側用人
  - 若年寄（老中補佐）
    - 書院番頭（江戸城警備・将軍の護衛）
    - 小姓組番頭（書院番と同じ）
    - 目付（旗本・御家人の監察）
  - [寺社奉行]（寺社の管理）
  - 京都所司代（朝廷監察）
  - 大坂城代（西国大名監察）

※[評定所]は老中・三奉行などが参加

```
┌┄┄┄┄┄┐
┆      ┆は譜代大名，その他は旗本の役職
└┄┄┄┄┄┘
┌─────┐
│     │は三奉行
└─────┘
```

●●●●● 流れで覚える

◆ 徳川家康は豊臣秀吉の死後，政治顧問である [1] の筆頭として地位を高め，[2] の一人石田三成と対立した。1600年，三成が毛利輝元を盟主として兵を挙げる（西軍）と，家康は福島正則らの諸大名（東軍）を従え，[3] で勝利した。そして，1603年，征夷大将軍に任命され，江戸に幕府を開いた。1605年には，将軍職を子の [4] に譲り，自らは大御所として実権を握った。その後，豊臣氏が建立した [5] の鐘銘を問題にして [6] を起こし，1615年，豊臣氏を滅ぼした。

◆ 将軍と主従関係を結ぶ，1万石以上の武士を大名という。大名は，尾張・紀伊・水戸の三家など徳川氏一門の [7]，最初から徳川家の家臣であった [8]，[3] 後に従った大名である [9] に分けられた。大名はそれぞれ藩制をしき，家臣と主従関係を結んでいた。一方，将軍の直属の家臣（直参）で1万石未満の者が旗本・御家人である。大名・直参には将軍から領地が与えられ，その領地の石高に応じた軍役が賦課された。

◆ [6] 後，[10] を出し，大名の居城を1つに限り，さらに [11] の起草により，[12] を制定して [4] の名前で発令（元和令）し，大名を統制した。[12] は将軍の代がわりごとに発令され，徳川家光の時代に発令した法度（寛永令）では，江戸と国元を1年交代に往復する [13] を制度化して大名に平時の軍役として義務づけ，大名の妻子は江戸に住むことを強制した。法度の違反者は領地を没収する [14] など厳罰に処せられた。

◆ 江戸幕府の組織は3代将軍家光の頃に整備された。要職は [8] と旗本が担当し，原則として複数が任命されて [15] で政務を担当した。非常置の最高職として [16] が置かれることもあったが，通常は [17] が政務を統括した。要職とされる三奉行とは，寺社奉行・町奉行・[18] であり，役職をまたぐ重要事項については [17]・三奉行などが [19] で合議した。

◆ 朝廷に対しては1615年に統制法である [20] を制定し，譜代大名が任命される [21] に監視させた。朝廷は摂家に主導権をもたせ，公家から任命される [22] を通じて操作した。1629年の紫衣事件では，[23] 天皇が勅許した紫衣を法度違反として取り消し，朝廷に対する幕府の優位を示した。これを機に，[23] 天皇が退位して娘の [24] 天皇が即位した。

重要用語チェック

1 五大老
2 五奉行
3 関ヶ原の戦い
4 徳川秀忠
5 方広寺
6 大坂の役（陣）

7 親藩
8 譜代
9 外様

10 一国一城令
11 （金地院）崇伝
12 武家諸法度
13 参勤交代
14 改易

15 月番交代
16 大老
17 老中
18 勘定奉行
19 評定所

20 禁中並公家諸法度
21 京都所司代
22 武家伝奏
23 後水尾天皇
24 明正天皇

原始 古墳 飛鳥 奈良 平安 鎌倉 室町 安土桃山 江戸 明治 大正 昭和 平成

◆◆◆ 時代をつかむ

●寺社の統制

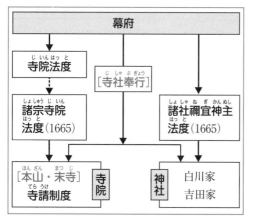

幕府

寺院法度 → [寺社奉行]

諸宗寺院法度 (1665)

諸社禰宜神主法度 (1665)

[本山・末寺] 寺請制度　寺院

神社　白川家　吉田家

●町と町人

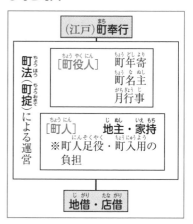

(江戸)町奉行

町法(町掟)による運営

[町役人]　町年寄　町名主　月行事

[町人]　地主・家持　※町人足役・町入用の負担

地借・店借

●身分と社会

支配身分	被支配身分			
武士	百姓	職人	家持町人	その他
将軍・大名旗本・御家人など	農業を中心に林業・漁業など小経営に従事	多様な種類の手工業に従事する	商業や金融,流通や運輸を担う商人を中心とする	一般の僧侶や神職など宗教者
天皇・公家など				下位の身分とされたかわた(長吏)や非人
その他				

●寛永文化

項目		内容
美術	建築	権現造:日光東照宮(徳川家康をまつる) [数寄屋造]:桂離宮…後陽成天皇の弟八条宮智仁親王の別邸 修学院離宮…後水尾天皇の山荘
	絵画	狩野派:狩野探幽(幕府御用絵師)…「大徳寺方丈襖絵」 久隅守景(狩野派門下)…「夕顔棚納涼図屛風」 土佐派:土佐光起(幕府の御用絵師) [俵屋宗達](京都の町衆)…「風神雷神図屛風」
	工芸	[本阿弥光悦]…「舟橋蒔絵硯箱」,京都鷹ヶ峰の地を家康より賜る 酒井田柿右衛門…有田焼・赤絵「色絵花鳥文深鉢」
文芸	小説	仮名草子…娯楽や教訓などが内容の絵入り小説
	俳諧	貞門派(俳諧)=[(松永)貞徳]

⠿ 流れで覚える

◆ 幕府は当初, 宗派ごとに [1] を出して, 宗派の中心寺院にその他の寺院を組織させる [2] を採用し, 譜代大名より選任した [3] に寺社の管理などを行わせた。1665年には全宗派共通の [4] を定め, 一方で同年, 神社や神職に対しては [5] を定めた。

◆ 1637年には, 島原城主松倉氏と天草領主寺沢氏の圧政やキリスト教の弾圧に反発した百姓らによる [6] が起こった。乱後, 幕府は禁教徹底のため, 寺院が檀家であることを証明する [7] を設け, 宗門改めを実施し, キリスト教徒に転宗を強制した。そして宗旨や檀那寺を家ごとに記した [8] を村ごとに作成させた。さらに幕府は仏教の中でも [9] を弾圧した。

◆ 都市に住む民衆は屋敷地を持つ [10] や, 屋敷地を所有して居住する [11] が町人とされ, 家屋を借りる [12] や屋敷地を借りる [13] と区別された。これらは町という共同体を単位に構成され, 町人の代表である名主・月行事などを中心に [14] に基づいて運営された。町人は百姓に比べて負担は軽かったが, 夫役である町人足役を務めるなど, 都市機能を支える役割を果たした。

◆ 幕藩体制において, 武士は政治や軍事などを独占し, 特権を持つ支配身分であった。一方, 社会の大半を占める被支配身分は, 農業などに従事する百姓, 手工業に従事する職人, 商人を中心とする都市の家持町人の3つをおもなものとし, その周縁には僧侶や神職, あるいは下位の身分とされたかわたや非人などが存在した。これらの諸身分は, それぞれの身分集団ごとに組織され, 個人は家に所属した。武士や有力な百姓・町人の家では [15] の権限が強く, 長子が家を相続することが基本とされた。女性は家督から排除され, 夫は妻と離婚する際に [16] を書いた。

◆ 江戸時代初期には, 徳川家康をまつる [17] など神社建築には権現造が用いられた。また, 書院造に草庵風茶室を取り入れた [18] が現れ, 後陽成天皇の弟八条宮の別宅である [19] が有名である。絵画では, 幕府御用絵師となり「大徳寺方丈襖絵」を描いた [20] や, その門下で「夕顔棚納涼図屏風」を描いた [21] が出た。さらに京都の町衆で「風神雷神図屏風」を描いた [22] も有名である。工芸では, 家康から鷹ヶ峰を賜った [23] や, 有田焼で赤絵の技法を完成させた [24] がいた。

重要用語チェック

1 寺院法度

2 本山・末寺の制
  （本末制度）

3 寺社奉行

4 諸宗寺院法度

5 諸社禰宜神主法度

6 島原の乱
  （天草・島原一揆）

7 寺請制度

8 宗門改帳

9 日蓮宗不受不施派

10 地主

11 家持

12 店借

13 地借

14 町法（町掟）

15 戸主（家長）

16 三行半

17 日光東照宮

18 数寄屋造

19 桂離宮

20 狩野探幽

21 久隅守景

22 俵屋宗達

23 本阿弥光悦

24 酒井田柿右衛門

❖ 時代をつかむ

将軍	大御所	年	事項
徳川家康	—	1600	オランダ船［リーフデ号］漂着
			ヤン＝ヨーステン（蘭） ウィリアム＝アダムズ（三浦按針・英） ｝家康の外交顧問
		1604	［糸割符制度］…ポルトガルの生糸独占打破
徳川秀忠	家康	1609	オランダ，平戸に商館開設
		1610	田中勝介がノビスパンへ，貿易交渉失敗
		1612	幕領に［禁教令］➡翌年全国へ
		1613	イギリス，平戸に商館開設 慶長遣欧使節…伊達政宗が［支倉常長］を欧州に派遣
		1614	キリシタンをマニラ・マカオに追放（高山右近，マニラへ）
	—	1616	中国船以外の外国船を長崎・平戸へ
		1622	［元和の大殉教］…長崎で信者・宣教師55名虐殺
徳川家光	秀忠	1623	イギリスが商館を閉鎖して撤退
		1624	スペイン船の来航禁止
		1631	［奉書船］制度の開始
	—	1633	奉書船以外の海外渡航禁止（寛永十年禁令）
		1635	日本人の海外渡航と帰国の全面禁止（寛永十二年禁令）
		1637	［島原の乱］…首領益田（天草四郎）時貞➡老中松平信綱が鎮圧（〜38）
		1639	［ポルトガル船］の来航禁止（寛永十六年禁令）
		1641	オランダ商館を長崎の［出島］へ

◀おもな朱印船渡航地と日本町

▲長崎港図

···· 流れで覚える

◆　1600年にオランダ船　[1]　号が豊後に漂着し，その乗組員であるオランダ人　[2]　と，イギリス人<u>ウィリアム＝アダムズ</u>（日本名は　[3]　）は徳川家康の外交顧問となった。家康は1604年，　[4]　を導入して，ポルトガルの生糸貿易独占をおさえた。一方，スペイン領のノビスパンとの通商を求め，1610年に京都の商人　[5]　を派遣したが失敗した。1613年には<u>伊達政宗</u>も家臣の　[6]　をスペインに派遣した（<u>慶長遣欧使節</u>）が，ノビスパンとの通商は失敗した。

◆　将軍の許可状を得た　[7]　による貿易も行われた。東南アジアには拠点として　[8]　が形成された。そこでは<u>明船</u>との　[9]　が行われ，主に日本産の<u>銀</u>と交換して中国産の　[10]　を輸入した。<u>アユタヤ</u>の　[8]　にはアユタヤ朝の王室に登用された　[11]　がいた。貿易を行った大名には，薩摩の<u>島津家久</u>・肥前の<u>有馬晴信</u>らがおり，商人には京都の豪商　[12]　，<u>茶屋四郎次郎</u>，長崎の　[13]　，摂津の<u>末吉孫左衛門</u>などがいる。

◆　幕府は，1612年には幕領に，翌年には全国に<u>禁教令</u>を出した。1622年には，長崎で信者ら55名を処刑（　[14]　）し，この頃から　[15]　を始めて信者の摘発を行った。また，キリスト教禁止にともない宣教師の潜入を防ぐため，通交制限が行われた。1633年には，　[16]　以外の渡航を禁止し，1635年には，日本人の海外渡航・帰国を全面禁止した。その後，1637年には　[17]　を首領とするキリスト教徒が　[18]　を起こした。その影響で1639年には　[19]　船の来航を禁止し，1641年にはオランダ人を長崎の　[20]　に移した。

◆　鎖国により日本に来航する船は，オランダ船と中国船だけになり，貿易港は<u>長崎</u>に限られた。オランダは　[20]　に商館を置き，幕府はオランダ商館長から海外情報である　[21]　を得た。一方，<u>明</u>が滅び，<u>清</u>が中国を統一すると，17世紀後半には中国船の来航が増え，　[22]　に居住地を限定した。朝鮮とは<u>対馬</u>の　[23]　氏の統制により貿易が行われ，将軍の代がわりには朝鮮から　[24]　が来日した。琉球王国は，薩摩の<u>島津氏</u>の支配下に置かれ，将軍の代がわりに　[25]　，国王の代がわりに　[26]　を幕府に派遣した。<u>松前</u>氏は幕府から蝦夷地での交易を認められ，　[27]　制により家臣との主従関係を結んだ。1669年のアイヌ首長　[28]　の蜂起を鎮圧した後には，商人が交易を請負う<u>場所請負制</u>が行われた。

重要用語チェック

1　リーフデ号
2　ヤン＝ヨーステン
3　三浦按針
4　糸割符制度
5　田中勝介
6　支倉常長
7　朱印船
8　日本町
9　出会貿易
10　生糸
11　山田長政
12　角倉了以
13　末次平蔵
14　元和の大殉教
15　絵踏
16　奉書船
17　益田（天草四郎）時貞
18　島原の乱
19　ポルトガル
20　出島
21　オランダ風説書
22　唐人屋敷
23　宗氏
24　（朝鮮）通信使
25　慶賀使
26　謝恩使
27　商場知行制
28　シャクシャイン

原始
古墳
飛鳥
奈良
平安
鎌倉
室町
安土桃山
江戸
明治
大正
昭和
平成

37　江戸時代の農業と諸産業の発達

◆◆ 時代をつかむ

●幕領の農民統制

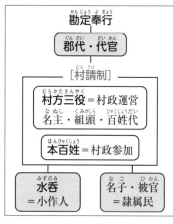

●百姓の負担

[本途物成]	検地帳に記載された田畑にかかる税で，原則米納
小物成	山野河海の利用や農業以外の副業にかかる
高掛物	村高に応じて課された付加税。伝馬宿入用，六尺給米，蔵前入用
国役	河川の土木工事など，一国単位に課す
伝馬役	街道輸送のために課された人馬の夫役。助郷役はこの一種

●諸産業の発達

水産業	上方漁法…[九十九里浜] の地引網（鰯）　　製塩…入浜塩田（赤穂など）
林業	木曽檜・秋田杉
鉱山業	石見 [大森銀山]・但馬生野銀山・佐渡金山・[別子銅山]（住友家）

●各地の特産物

絹織物	西陣・桐生（上野）・足利（下野）	麻織物	奈良晒・小千谷縮（越後）
綿織物	河内木綿・久留米絣	陶磁器	有田焼（肥前）・九谷焼（加賀）
漆器	輪島塗・会津塗・春慶塗	製紙	鳥の子紙（越前）・杉原紙（播磨）
醸造	酒…灘・伊丹　　醤油…野田・銚子（下総）		

▶江戸時代の農具

流れで覚える

◆　幕藩領主は村を支配の単位とし，石高制のもと，村ごとに検地を行い，村の範囲や村高などを決定した。村では　1　・組頭・百姓代の村役人（村方三役）を中心に自治が行われ，田畑・屋敷地を持ち，年貢・諸役を負担し，村政に参加する　2　によって運営されたが，地主のもとで小作を営む水呑（無高）もいた。幕藩領主は村の自治に依存して，年貢・諸役を割り当て収納し，百姓を掌握した。このような仕組みを　3　という。百姓は年貢完納などのため，　4　に編成され連帯責任を負った。

◆　本百姓の負担は，田畑・屋敷地にかけられ，原則米納の　5　，山野河海の利用や副業にかかる　6　，河川の土木工事などの労働である　7　，街道周辺の村では人馬を差し出す伝馬役などである。それらの負担が幕府の財政を支えていたため，幕府は寛永の飢饉以降，本百姓の小規模な経営を維持しようとした。1643年に土地の売買を禁止する　8　を出し，飢饉への対応として　9　を出して商品作物の栽培を制限した。17世紀後半以降は分割相続を制限する　10　を出した。

◆　幕府や諸藩は新田開発を奨励した。17世紀末には商人資本により開発する　11　も各地に見られた。この背景は，治水技術の発達により利根川から分水する見沼代用水や，芦ノ湖を水源とする　12　など灌漑用水路の開発が進んだことである。その結果，17世紀初めには約　13　万町歩であった耕地面積が18世紀初めには約　14　万町歩まで拡大し，約2倍となった。

◆　近世の農業は夫婦を中心に構成される小規模な家族が狭い耕地に労働力を集約する小経営が基本であり，それに見合った技術が発達した。深耕用の　15　，「後家倒し」ともいわれた脱穀用の　16　，選別具である　17　・千石簁，灌漑用の　18　などが開発された。また，城下町など都市部の需要が拡大して商品作物の栽培が盛んになり，自給肥料に加え，干鰯・油粕などの　19　が使用された。これらの普及に貢献したのは農書で，宮崎安貞の『　20　』や，大蔵永常の『　21　』『農具便利論』などが有名である。

◆　手工業では，農家の副業として家内工業が行われていた。その後，都市の商人が資金や原料を前貸しして製品を買い上げる　22　が一般化し，19世紀には，一か所に集まり分業・協業により生産する　23　が行われた。

重要用語チェック

1　名主（庄屋）

2　本百姓

3　村請制

4　五人組

5　本途物成（本年貢）

6　小物成

7　国役

8　田畑永代売買の禁令

9　田畑勝手作りの禁

10　分地制限令

11　町人請負新田

12　箱根用水

13　160万町歩

14　300万町歩

15　備中鍬

16　千歯扱

17　唐箕

18　踏車

19　金肥

20　農業全書

21　広益国産考

22　問屋制家内工業

23　工場制手工業
　　（マニュファクチュア）

原始
古墳
飛鳥
奈良
平安
鎌倉
室町
安土桃山
江戸
明治
大正
昭和
平成

🔷 時代をつかむ

●江戸時代の蔵物の流通

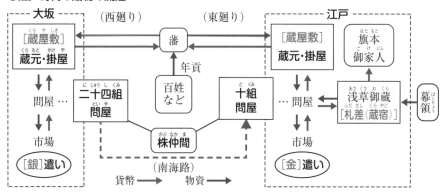

●江戸時代の市・豪商

	市	豪商
江戸	日本橋魚市 神田青物市	[三井家]…越後屋呉服店
大坂	堂島米市場 雑喉場魚市 天満青物市	鴻池家…海運業・両替商 住友家…別子銅山(伊予)

●貨幣の換算

▶ 金貨　1両 = 4分　1分 = 4朱

▶ 1609(慶長14)年の換算率
　金1両 = 銀50匁 = 銭4貫文

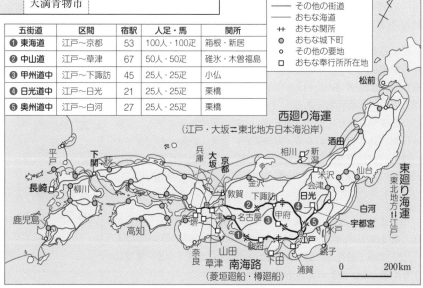

	五街道	区間	宿駅	人足・馬	関所
❶	東海道	江戸～京都	53	100人・100疋	箱根・新居
❷	中山道	江戸～草津	67	50人・50疋	碓氷・木曽福島
❸	甲州道中	江戸～下諏訪	45	25人・25疋	小仏
❹	日光道中	江戸～日光	21	25人・25疋	栗橋
❺	奥州道中	江戸～白河	27	25人・25疋	栗橋

凡例:
━━ 五街道
━━ その他の街道
━━ おもな海道
++ おもな関所
◎ おもな城下町
○ その他の要地
□ おもな奉行所所在地

西廻り海運
(江戸・大坂⇄東北地方日本海沿岸)

東廻り海運(東北地方⇄江戸)

南海路
(菱垣廻船・樽廻船)

▶ 江戸時代の交通

0　　　200km

流れで覚える

◆　江戸～京都間の　**1**　をはじめとする**五街道**は江戸　**2**　を起点とする幹線道路で，江戸幕府の直轄下にあって　**3**　により管理された。これらの街道には**宿駅**が置かれ，一里塚や関所などの施設が整えられた。**宿駅**には大名が利用する　**4**　，一般の旅行者が利用する　**5**　・**木賃宿**のような宿泊施設や，輸送のための人馬の継立てをする　**6**　が置かれ，街道を利用した通信手段としては幕府公用の　**7**　などがあった。関所は東海道の**箱根・新居**，中山道の**碓氷・木曽福島**などがあり，とくに関東では「**入鉄砲に出女**」を取り締まった。

◆　大量の商品輸送では，水上交通が発達した。江戸の豪商　**8**　は17世紀後半に東北～大坂経由の　**9**　，東北～江戸間の　**10**　を整備した。大坂に集積した物資を江戸に輸送する　**11**　も発達し，　**12**　や小早といわれた　**13**　が定期的に運航した。また，京都の豪商　**14**　は高瀬川・保津川や富士川などの河川交通を整備し，水路を開いた。

◆　大名は年貢米や国産品などの　**15**　を江戸や大坂などに設置した　**16**　に運んで換金した。そこで商品の管理・販売をしたのが　**17**　，代金の管理をしたのが　**18**　である。江戸浅草には幕府米蔵があり，旗本や御家人の**禄米**が集まり，　**19**　によって換金された。民間の商品は　**20**　と呼ばれ，地方の商人が江戸や大坂に送った。問屋は同業者の組合である　**21**　をつくって流通を独占し，18世紀になると幕府も公認した。江戸・大坂間の荷物輸送を担った江戸の**十組問屋**，大坂の**二十四組問屋**はその例である。

◆　江戸時代には幕府によって**三貨**が鋳造された。**金貨**は**計数貨幣**で1両＝**4分**＝**16朱**で換算され，金座の　**22**　のもとで鋳造された。**銀貨**は**秤量貨幣**で，**丁銀**や**豆板銀**が発行され，銀座の　**23**　のもとで鋳造された。銭座では　**24**　などの銅銭が鋳造された。三貨の交換率は慶長年間で金1両＝銀**50匁**＝銭**4000**（**4貫**）文であった。その他，各藩で発行された　**25**　も流通した。東日本ではおもに**金貨**，西日本ではおもに**銀貨**が取引で使われ，三貨の交換率は相場によって変動した。そのため，三貨の両替や為替，貸付などの業務を行う　**26**　が発達した。

1 東海道
2 日本橋
3 道中奉行
4 本陣
5 旅籠（屋）
6 問屋場
7 継飛脚

8 河村瑞賢
9 西廻り海運
10 東廻り海運
11 南海路
12 菱垣廻船
13 樽廻船
14 角倉了以

15 蔵物
16 蔵屋敷
17 蔵元
18 掛屋
19 札差（蔵宿）
20 納屋物
21 株仲間

22 後藤庄三郎
23 大黒常是
24 寛永通宝
25 藩札
26 両替商

❖ 時代をつかむ

●文治政治

将軍	補佐	事項
[家綱]	保科正之（会津） 大老：酒井忠清	[慶安の変]（1651）…由井（比）正雪らの幕府転覆計画 末期養子の禁（禁止）緩和（1651），[明暦の大火]（1657） 殉死の禁止，大名証人制の廃止
[綱吉]	大老：堀田正俊 ↓ 側用人：柳沢吉保	天和の武家諸法度（1683）…忠孝による秩序の強調 [湯島聖堂] 建立…林鳳岡（信篤）が大学頭へ 歌学方（北村季吟）・天文方（渋川春海・貞享暦） [生類憐みの令] [元禄金銀]（悪質）鋳造（1695） …勘定吟味役（のち勘定奉行）荻原重秀の建議 赤穂事件（1702）
家宣	正徳の政治（治） 侍講：[新井白石] 側用人：間部詮房	生類憐みの令廃止（1709），[閑院宮家] の創設（1710） 朝鮮使節の待遇簡素化（1711） …将軍宛国書を「日本国大君殿下」から「日本国王」 勘定奉行荻原重秀の罷免（1712）
家継		正徳金銀（良質）の鋳造（1714） 海舶互市新例（1715）…長崎貿易制限 　清船…30隻・銀高6000貫　　蘭船…2隻・銀高3000貫

●諸藩の文教政策

岡山	[池田光政]	熊沢蕃山（陽明学）登用，郷学＝閑谷学校設立
会津	[保科正之]	山崎闇斎（朱子学）登用
水戸	[徳川光圀]	朱舜水（朱子学）登用，『大日本史』編纂（江戸・彰考館）
加賀	[前田綱紀]	木下順庵（朱子学）登用

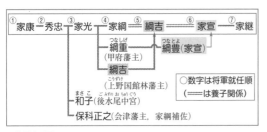

▲徳川家系図

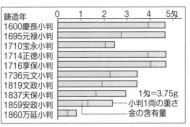

▲金貨成分比の推移

流れで覚える

◆　3代将軍徳川家光の死後，[1]が11歳で4代将軍に就任し，会津藩主の[2]の補佐を得て幕政は安定した。その中で問題となったのは大名の改易により発生した牢人や秩序におさまらないかぶき者の台頭であった。兵学者の[3]らが幕府転覆を狙う慶安の変が起こると，幕府は[4]を緩和して牢人の増加を防いだ。成人した[1]は殉死の禁止を命じ，新しい主人に奉公することを義務づけた。1657年には江戸で大きな被害を与えた[5]が発生し，その復興費用は幕府の財政難につながった。

◆　館林藩主より5代将軍となった[6]の時代は当初，大老[7]，その暗殺後は側用人[8]が補佐した。1683年には武家諸法度（天和令）が発令され，忠孝と礼儀による秩序が強調された。[6]はこの背景となる儒教を重視し，江戸に[9]を建立して[10]を大学頭に任じるとともに[11]を主宰させた。さらに[12]を歌学方，貞享暦を作った[13]を天文方に任じた。また，仏教にも帰依し，生類憐みの令で殺生を禁じた。また，神道の影響から，服忌令を出し，死や血を忌み嫌う風潮をつくり出した。

◆　[6]の時代には，金銀鉱山の産出量の減少や元禄期の寺社造営費用などが原因となり財政難に陥った。勘定吟味役の[14]の建議で，幕府は金の含有率を下げた[15]を鋳造して小判の発行量を増やし，収入をあげた。しかし，物価上昇が起こり，人々の生活を圧迫した。

◆　6代将軍[16]，7代将軍[17]の時代は，侍講[18]と側用人間部詮房が政治の刷新をはかった。[18]は将軍の権威を高揚させるため，[19]を創設して朝幕関係の安定をはかり，朝鮮使節の待遇を簡素化して朝鮮から将軍宛の国書を「日本国大君殿下」から「[20]」へ改めさせた。また，慶長金銀と同質の[21]を発行し，海舶互市新例（長崎新令・正徳新令）を出して金銀の海外流出をおさえるなど経済政策を行った。

◆　諸藩でも文教政策が進んだ。岡山の池田光政は郷学の閑谷学校を設けたほか，陽明学者[22]を登用した。[22]は[23]を設けた。水戸の徳川光圀は明から亡命した[24]を登用し，『[25]』の編纂を始めた。会津の[2]は朱子学者[26]を登用し，加賀の[27]は朱子学者木下順庵を登用した。

重要用語チェック

1 徳川家綱
2 保科正之
3 由井（比）正雪
4 末期養子の禁（禁止）
5 明暦の大火
6 徳川綱吉
7 堀田正俊
8 柳沢吉保
9 湯島聖堂
10 林鳳岡（信篤）
11 聖堂学問所
12 北村季吟
13 渋川春海
14 荻原重秀
15 元禄金銀
16 徳川家宣
17 徳川家継
18 新井白石
19 閑院宮家
20 日本国王
21 正徳金銀
22 熊沢蕃山
23 花畠教場
24 朱舜水
25 大日本史
26 山崎闇斎
27 前田綱紀

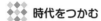

時代をつかむ

●近世儒学者の系統図（前期）

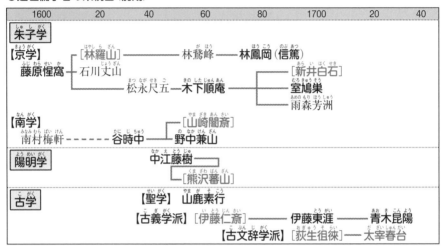

1600	20	40	60	80	1700	20	40

朱子学

【京学】
藤原惺窩
　［林羅山］──── 林鵞峰 ──── 林鳳岡（信篤）
　石川丈山
　　　　　松永尺五─木下順庵
　　　　　　　　　　　　　　　　　［新井白石］
　　　　　　　　　　　　　　　　　室鳩巣
　　　　　　　　　　　　　　　　　雨森芳洲

【南学】
南村梅軒------ 谷時中
　　　　　　　　　　［山崎闇斎］
　　　　　　　　　　野中兼山

陽明学
中江藤樹
［熊沢蕃山］

古学
【聖学】 山鹿素行
　【古義学派】［伊藤仁斎］──── 伊藤東涯 ──── 青木昆陽
　　　　　【古文辞学派】［荻生徂徠］── 太宰春台

●その他の学問

歴史学	林羅山・鵞峰（『**本朝通鑑**』），水戸藩『［**大日本史**］』の編纂
	新井白石（『［**読史余論**］』『古史通』）
自然科学	和算：吉田光由（『［**塵劫記**］』）・関孝和（『［**発微算法**］』）
	本草学：貝原益軒（『**大和本草**』）・稲生若水（『**庶物類纂**』）
	地理学：新井白石（『**西洋紀聞**』『**采覧異言**』）

●文芸・美術

項目		内容
文芸	俳諧	貞門派（俳諧）…（松永）貞徳　　談林派（俳諧）…西山宗因 ➡蕉風（正風）俳諧…［松尾芭蕉］（『奥の細道』）
	小説	仮名草子➡浮世草子：［井原西鶴］…好色物『**好色一代男**』， 　町人物『**日本永代蔵**』『**世間胸算用**』，武家物『**武道伝来記**』
	芸能	人形浄瑠璃：竹本義太夫（語り）…義太夫節 脚本：［近松門左衛門］…世話物『**曽根崎心中**』，時代物『**国性（姓）爺合戦**』
		女歌舞伎・若衆歌舞伎（寛永期）➡野郎歌舞伎（元禄期）
美術		障壁画：［尾形光琳］…「**紅白梅図屛風**」「**燕子花図屛風**」 浮世絵：［菱川師宣］…「**見返り美人図**」 工芸：**野々村仁清**（京焼）・**尾形乾山**（楽焼）

流れで覚える

◆　幕藩体制が安定するなか，儒学は武士の教養として重視され，朱子学は幕府や藩で重んじられた。京学の祖は　1　で，門人　2　は徳川家康に登用され，その子孫は代々幕府に仕えた。同じ流れの木下順庵は徳川綱吉の侍講を務め，門人　3　は正徳の政治(治)を進め，同門の　4　は吉宗の命で『六諭衍義大意』を著した。南学を大成した土佐の　5　の系統からは　6　が出て，垂加神道を説いた。

◆　日本陽明学の祖は　7　で，門人の　8　は『大学或問』を著して幕府から弾圧された。古学からは，『聖教要録』を著した　9　や，京都の古義堂で講義をした　10　が出た。さらに古文辞学を創始した　11　は徳川吉宗に登用され，『政談』を著し，その門人の　12　は『経済録』を著した。

◆　儒学の発達は他の学問にも影響を与えた。歴史学では，　2　・鵞峰が著した『　13　』や，　3　が独自の時代区分論を展開した『　14　』がある。本草学では，『大和本草』を著した　15　や，『庶物類纂』を著した　16　がおり，和算では『塵劫記』を著した　17　や，『発微算法』を著した　18　がいた。

◆　文学は上方の町人文芸が中心であった。小説では寛永期に教訓的な仮名草子が流行した。元禄期には　19　が浮世草子を創始した。その作品には『好色一代男』などの好色物，『日本永代蔵』『世間胸算用』など　20　，『武道伝来記』などの武家物があった。俳諧は寛永期に連歌から俳諧を独立させた　21　の貞門派から　22　の談林派へと受け継がれ，　23　が蕉風(正風)俳諧を確立した。代表作は紀行文『　24　』である。人形浄瑠璃や歌舞伎の脚本を著した　25　は，世話物の『曽根崎心中』や時代物の『国性(姓)爺合戦』を残した。近松の作品は人形遣い辰松八郎兵衛らが演じ，義太夫節を完成させた竹本義太夫らによって語られた。

◆　絵画では，「紅白梅図屏風」を描いた　26　が俵屋宗達の影響を受けて琳派をおこした。また，「見返り美人図」を描いた　27　は浮世絵版画を創始した。工芸では，色絵を大成して京焼の祖となった　28　や，その影響を受けた光琳の弟尾形乾山がいた。また，染物では京都の　29　が縮緬などの生地に模様を表す友禅染を始めた。

| 41 | 享保の改革と社会の変容 |

◆◆ 時代をつかむ

●享保の改革…8代将軍徳川吉宗

人材登用	側用人の廃止…譜代大名の重視 [足高の制]…旗本の登用と経費節減，大岡忠相らの登用 荻生徂徠（『政談』），田中丘隅（『民間省要』）らの登用
財政再建	倹約令 [上げ米]…大名1万石につき100石上納，参勤交代の在府期間半減 年貢増徴…検見法から定免法へ 新田開発…町人請負新田の奨励
殖産興業	実学の奨励…漢訳洋書輸入制限の緩和 商品作物栽培の奨励…甘藷栽培（青木昆陽）・甘蔗・櫨・朝鮮人参
商業対策	物価高・米価安に対応 米価対策…堂島米市場公認，元文金銀（悪質）の鋳造 物価対策…株仲間の公認
都市対策	[目安箱]の設置…庶民の意見を聞く➡小石川養生所設置 防火対策…町火消の設置（いろは47組）
その他	[公事方御定書]制定…裁判基準 相対済し令…金銭貸借の訴訟は受理しない

●社会の変容と庶民の抵抗

社会の変容	農民の階層分化	豪農層…田畑を集め地主化，農村で流通・金融の中心 貧農層…小作人化，年季奉公・日用稼ぎに従事
	三大飢饉	享保の飢饉…西日本でいなごやうんかの大量発生 天明の飢饉…浅間山の噴火で被害が拡大 天保の飢饉…冷害をおもな原因として東北地方で数年間続く
庶民の抵抗	百姓一揆	領主に対して村をあげ，要求を掲げて直接行動 17世紀：代表越訴型一揆…下総の佐倉惣五郎など 18世紀：惣百姓一揆 19世紀：世直し一揆
	村方騒動	村民が村役人の不正を追及
	[打ちこわし]	飢饉などの際，おもに都市で貧民が米商人などを襲撃 享保の打ちこわし，天明の打ちこわし
	国訴	株仲間の流通独占に在郷商人・百姓が反発，合法的闘争

∷∷∷●● 流れで覚える

◆ 紀伊藩主より8代将軍に就任した [　1　] は復古主義を掲げて享保の改革を進めた。側用人を廃し新設の御用取次を介して，将軍の意志を幕府に反映させた。そして，政策を実行するため，各役職の基準役高を定めて在職中だけ不足分を補う [　2　] を定め，[　3　] を町奉行に抜擢するなど，旗本の人材登用をはかった。

◆ 享保の改革では財政再建が重視された。[　1　] は [　4　] を出して支出をおさえるとともに，大名には [　5　] の在府期間を半減する代わりに1万石につき100石の [　6　] を命じた。そして商人資本による [　7　] を奨励して耕地面積を拡大し，一方で徴税法を検見法から [　8　] に改めて年貢増徴をはかった。農政では，[　9　] を登用して甘藷（サツマイモ）栽培を普及させ，飢饉に備えた。田畑の売買は禁止されていたものの，質流れという形で土地移動が行われていたため，1722年には質流地禁止令を出して農民の階層分化を防ごうとしたが，翌年，撤回した。また，経済政策として物価高・米価安に対応するため，株仲間を公認して物価の高騰をおさえ，大坂の堂島米市場を公認して米価調整をはかった。

◆ 享保の改革では江戸の都市政策を進めた。評定所前に [　10　] を設置して庶民の意見を聞いた。それにより，貧民のための医療施設である [　11　] が設置された。また，江戸は繰り返し大火にみまわれたため，消火制度を強化するために，いろは47組の [　12　] を設置した。また，裁判制度の充実もはかられ，金銭貸借の訴訟を不受理とする [　13　] が出され，裁判基準となる [　14　] が制定された。

◆ 18世紀になると，農村にも商品経済が浸透したため，百姓の階層分化が進んだ。有力な百姓は田畑を集めて地主に成長し，地方の流通や金融をおさえた。このような有力百姓を [　15　] と呼ぶ。一方，田畑を失った百姓は土地を借りて耕作する [　16　] となるか，年季奉公や日用稼ぎに従事した。

◆ 庶民は領主や役人にさまざまな形で抵抗した。17世紀後半には，村の代表者が直訴する [　17　] が増え，その代表者は後世，[　18　] といわれた。18世紀に入ると広域にわたり百姓が蜂起する [　19　] もみられ，また，村では村役人の不正を追及する [　20　] も頻発した。大規模な飢饉が起こると都市部では米価が高騰し，米屋などを襲撃する [　21　] が起こった。

重要用語チェック

1 徳川吉宗

2 足高の制

3 大岡忠相

4 倹約令

5 参勤交代

6 上げ米

7 町人請負新田

8 定免法

9 青木昆陽

10 目安箱

11 小石川養生所

12 町火消

13 相対済し令

14 公事方御定書

15 豪農

16 小作人（水呑）

17 代表越訴型一揆

18 義民

19 惣百姓一揆

20 村方騒動

21 打ちこわし

原始
古墳
飛鳥
奈良
平安
鎌倉
室町
安土桃山
江戸
明治
大正
昭和
平成

❖ 時代をつかむ

田沼時代	10代将軍 徳川家治 とくがわいえはる 老中 [田沼意次] たぬまおきつぐ ▲田沼意次	商業政策	**株仲間の奨励**…運上・冥加の増収をはかる **専売制の強化**…銅座・真鍮座・朝鮮人参座 [南鐐二朱銀]の鋳造…定量計数銀貨
		新田開発	**印旛沼・手賀沼**の干拓計画➡失敗
		貿易政策	長崎貿易の拡大…銅・俵物の輸出
		蝦夷地開発	**工藤平助**の『赤蝦夷風説考』の影響 **最上徳内**の蝦夷地探検
		結果	[天明の飢饉]…浅間山の噴火で被害拡大 田沼意知の暗殺 10代将軍家治の死去 　　➡田沼意次の失脚
寛政の改革	11代将軍 徳川家斉 いえなり 老中 [松平定信] まつだいらさだのぶ ▲松平定信	農村政策	囲米…**社倉・義倉**の設置 　　　大名1万石につき50石の貯蓄 出稼ぎの禁止，公金貸付
		都市政策	旧里帰農令…帰農の奨励 [七分積金]…町費節約分の積立，江戸町会所で運用 **人足寄場**…石川島，無宿人の収容
		財政	[棄捐令]…旗本・御家人の債務を一部帳消し
		思想統制	[寛政異学の禁]…朱子学の重視 **寛政の三博士**の登用 　柴野栗山・尾藤二洲・岡田寒泉
		出版統制	**林子平**の弾圧…『海国兵談』の発禁処分 洒落本作家の**山東京伝**　⎫ 黄表紙作家の**恋川春町**　⎬ 弾圧 出版元の**蔦屋重三郎**　　⎭
		対外政策	ラクスマンの来航(1792) 江戸湾・蝦夷地の海防強化の指示
		結果	**尊号一件**(1789)…朝幕関係の悪化 11代将軍家斉と対立して定信失脚

◦◦◦◦ 流れで覚える

◆　10代将軍 [1] の時代には，側用人から老中となった
[2] が権勢をふるった。[2] は財政を再建するため，年貢
増徴だけに頼らず商業資本を利用した。[3] 結成を奨励して
[4] といった営業税の増収をはかり，専売制を強化するため，
銅座・朝鮮人参座などが設けられた。また，計数銀貨である
[5] を発行して金への貨幣制度の統一をめざした。

◆　[2] は，商人の資本を利用して印旛沼・手賀沼の干拓を進め
た。また，仙台藩医の [6] の著書『 [7] 』の影響を受け，
蝦夷地の開発とロシアとの交易の可能性を探るため，[8] を
蝦夷地に派遣した。さらに長崎貿易の政策を転換し，銅や蝦夷地
の海産物である [9] の輸出を奨励して金銀の輸入をめざした。

◆　[2] の政治は賄賂や縁故による人事が横行したため，批判が
強まった。1782年頃の冷害から [10] の飢饉が始まり，浅間山
の噴火で被害が拡大し，全国で一揆や打ちこわしが頻発した。そ
の中で，若年寄の [11] が佐野政言に暗殺され，[1] が死ぬ
と [2] も罷免された。

◆　11代将軍 [12] のもとで老中に就任した [13] 藩主の
[14] は，寛政の改革を進めた。[14] は飢饉対策として各地
に社倉・義倉を設置させ，大名に1万石につき50石の米を蓄えさ
せた（[15]）。都市政策として，[16] を出して江戸へ流入
した貧民が農村へ帰ることを奨励し，一方で各町に町費節約分の
7割を積立させる [17] を命じ，それを貧民救済のための資金
とした。また，石川島に [18] を設置して無宿人を収容し，職
業訓練をさせた。

◆　[14] は，[19] を出して旗本・御家人の札差への借金を一
部帳消しにした。また，士風の引き締めをはかり，聖堂学問所で
朱子学以外の講義を禁じる [20] を発し，寛政の三博士として
柴野栗山・尾藤二洲・岡田寒泉（のち古賀精里）を登用した。民間
には出版統制令を出して，[21] の『海国兵談』などを発禁処
分とし，洒落本作家の [22] と出版元の蔦屋重三郎らを弾圧し
た。1789年には，光格天皇が実父に太上天皇の尊号を贈ろうと
したが，[14] が反対して実現しなかった（尊号一件）。

重要用語チェック

1　徳川家治

2　田沼意次

3　株仲間

4　運上・冥加

5　南鐐二朱銀

6　工藤平助

7　赤蝦夷風説考

8　最上徳内

9　俵物

10　天明の飢饉

11　田沼意知

12　徳川家斉

13　白河

14　松平定信

15　囲米

16　旧里帰農令

17　七分積金

18　人足寄場

19　棄捐令

20　寛政異学の禁

21　林子平

22　山東京伝

原始　古墳　飛鳥　奈良　平安　鎌倉　室町　安土桃山　江戸　明治　大正　昭和　平成

時代をつかむ

●洋学者の系譜

元禄期	享保～寛政期	化政～天保期

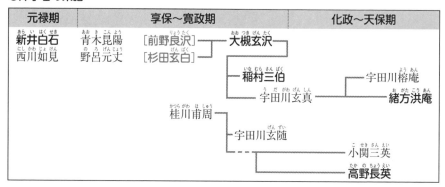

●国学者の系譜

元禄期	享保～寛政期	化政～天保期

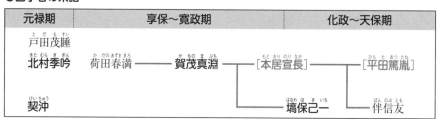

●その他の学問・思想

心学	［石田梅岩］が創始…『都鄙問答』 手島堵庵…『男子女子前訓』 中沢道二…人足寄場で心学の講義
社会批判	［安藤昌益］…『［自然真営道］』，万人直耕の自然世を理想とする
尊王論	竹内式部…宝暦事件（1758）で処分 ［山県大弐］…『柳子新論』，明和事件（1767）で死刑 ［水戸学］…『大日本史』の編纂事業からおこる 高山彦九郎…全国をめぐり尊王思想を説く 蒲生君平…『山陵志』 頼山陽…『日本外史』
海防	［工藤平助］…『赤蝦夷風説考』 ［林子平］…『海国兵談』『三国通覧図説』

∷∷● 流れで覚える

◆　鎖国のもとで西洋の学術・知識の吸収や研究は困難であったが，17世紀末の　1　の『華夷通商考』，18世紀初めの　2　の『西洋紀聞』『采覧異言』が先駆となった。また，徳川吉宗が漢訳洋書輸入の制限を緩和し，青木昆陽や野呂元丈にオランダ語を学ばせたこともあって，洋学はまず蘭学として発展した。　3　や　4　らは，西洋の解剖図録『ターヘル＝アナトミア』を翻訳して『解体新書』を著した。　3　はその苦心談を『蘭学事始』で著した。　5　は蘭学の入門書『蘭学階梯』を著すとともに江戸で　6　を開き，宇田川玄随は『西説内科撰要』で西洋内科を紹介した。　5　の門人　7　は初の蘭日辞書である『ハルマ和解』をつくった。

◆　元禄期に始まった古典の実証的研究は日本古来の道（古道）を説く国学に発展した。その先駆となったのは　8　の『万葉代匠記』や北村季吟の『源氏物語湖月抄』である。『創学校啓』を著して徳川吉宗に建言した　9　やその門人で『国意考』『万葉考』を著した　10　は，洋学はもとより，儒教・仏教も外来思想として批判した。　10　に師事した　11　は『古事記伝』を著し，国学を思想的にも高めて大成した。また，　12　は，幕府の援助で和学講談所を設立し，古典の収集・保存に努め，『　13　』を編集・刊行した。

◆　尊王論は儒学と結びつき，幕藩体制の中の天皇を王者として尊ぶ思想として主張された。水戸藩の『大日本史』の編纂事業を中心にして起こった　14　はその代表で，朱子学を軸に国学・神道を総合し，天皇尊崇と封建秩序の確立を説いた。18世紀半ばには，国学者の竹内式部が京都で公家たちに尊王論を説いて追放刑となる　15　や，『柳子新論』を著した兵学者の　16　が幕政の腐敗を攻撃し，尊王斥覇を説いたため死刑に処せられる　17　が起こった。

◆　18世紀の初め，京都の町人である　18　は，儒教道徳に仏教や神道の教えを加味して心学を説き，庶民の生活倫理を説いた。社会の中での町人や百姓の役割を強調する心学は，門人の手島堵庵や人足寄場で講師を務めた　19　らによって全国に広められた。18世紀半ばになると，奥州八戸の医者である　20　は『自然真営道』を著して，万人が自ら耕作する自然の世を理想とし，身分社会を批判した。

原始　古墳　飛鳥　奈良　平安　鎌倉　室町　安土桃山　江戸　明治　大正　昭和　平成

❖ 時代をつかむ

●私塾

分野	塾	所在	人物
儒学	藤樹書院	近江	中江藤樹
	古義堂	京都	伊藤仁斎
	蘐園塾	江戸	荻生徂徠
	松下村塾	萩	吉田松陰
国学	鈴の屋	伊勢	本居宣長
	[和学講談所]	江戸	塙保己一
洋学	[芝蘭堂]	江戸	大槻玄沢
	[鳴滝塾]	長崎	シーボルト
	適々斎塾(適塾)	大坂	緒方洪庵
その他	[懐徳堂]	大坂	三宅石庵
	咸宜園	豊後	広瀬淡窓

●藩校 (藩学)

藩校	藩	成立年・藩主
[明徳館]	秋田	1789・佐竹義和
弘道館	水戸	1841・徳川斉昭
修猷館	福岡	1784・黒田斉隆
造士館	薩摩	1773・島津重豪
[興譲館]	米沢	1697・上杉綱憲 1776・治憲再興
明倫館	長州	1719・毛利吉元
[時習館]	熊本	1755・細川重賢
日新館	会津	1799・松平容頌

●文芸・絵画

	分野	作家	作品	その他
文芸	洒落本	[山東京伝]	『仕懸文庫』	寛政の改革で弾圧
	黄表紙	[恋川春町]	『江戸生艶気樺焼』 『金々先生栄花夢』『鸚鵡返文武二道』	寛政の改革で弾圧
	脚本	竹田出雲	『仮名手本忠臣蔵』『菅原伝授手習鑑』	
	俳諧	与謝蕪村	『蕪村七部集』	
	川柳	柄井川柳	『誹風柳多留』	
	狂歌	大田南畝(蜀山人)	『万載狂歌集』	
絵画	写生画	円山応挙	『雪松図屏風』	
	文人画	与謝蕪村・池大雅	『十便十宜図』	
	西洋画	平賀源内	『西洋婦人図』	
		司馬江漢	『不忍池図』	銅版画創始
		亜欧堂田善	『浅間山図屏風』	
	浮世絵	鈴木春信	『弾琴美人』『五常』	[錦絵] 創始
		[喜多川歌麿]	『婦女人相十品』『当時全盛美人揃』	大首絵
		[東洲斎写楽]	『市川鰕蔵』『三代目大谷鬼次の奴江戸兵衛』	大首絵

∵∴∵ 流れで覚える

◆ 学問・思想における新たな動きに対して、幕府は儒学による武士の教育を奨励し、寛政の改革では朱子学を正学として寛政異学の禁を発した。その後、林家の家塾であった湯島聖堂の学問所を幕府直営の ☐ 1 ☐ とした。諸藩は藩士やその子弟の教育のため、鹿児島の造士館、会津の日新館など ☐ 2 ☐ を設立した。藩の援助を受けて藩士や庶民の教育をめざす ☐ 3 ☐ がつくられることもあった。民間でも私塾が開かれ、その一つである大坂の ☐ 4 ☐ は町人の出資で設立され、『出定後語』を著した ☐ 5 ☐ や『夢の代』を著した ☐ 6 ☐ など異色の学者を輩出した。庶民の初等教育では都市や村々問わず、村役人・僧侶などによって運営される ☐ 7 ☐ がつくられ、読み・書き・そろばんなどを教えた。

◆ 江戸時代中期には、☐ 8 ☐ が経営する耕書堂など版元の発達や、貸本屋の普及が背景となり、文学は広く民衆のものとなった。小説では、浮世草子が衰えた後、挿し絵で読者をひきつける草双紙や江戸の遊里を描く ☐ 9 ☐ 、風刺性の強い絵入りの小説である ☐ 10 ☐ が流行した。☐ 9 ☐ では ☐ 11 ☐ が『仕懸文庫』、☐ 10 ☐ では ☐ 12 ☐ が『金々先生栄花夢』などの作品を描いた。しかし、☐ 9 ☐ や ☐ 10 ☐ は寛政の改革で取り締まられた。

◆ 俳諧では、京都の ☐ 13 ☐ が写生的な句を詠んだ。また、☐ 14 ☐ は俳句の形式を借りて世相や風俗を風刺する川柳を文学のジャンルとして定着させ、『誹風柳多留』を撰した。一方、大田南畝（蜀山人）らで知られる狂歌もさかんにつくられた。また、浄瑠璃では18世紀前半に ☐ 15 ☐ が『仮名手本忠臣蔵』を、天明期には近松半二が『本朝廿四孝』を描くなど、すぐれた脚本を残した。歌舞伎は18世紀後半から江戸を中心に盛んとなり、寛政期には中村・市村・森田の江戸三座が栄えた。

◆ 庶民に広く親しまれた浮世絵では、☐ 16 ☐ が多色刷版画の ☐ 17 ☐ を創始して発展した。寛政期には美人画で人気を博した ☐ 18 ☐ や役者絵・相撲絵を描いた ☐ 19 ☐ が大首絵の作品を残した。

◆ 伝統的な絵画では、☐ 20 ☐ が「雪松図屏風」など遠近法を取り入れた立体感のある作品を描いた。明や清の影響を受けた文人画は「十便十宜図」を描いた ☐ 13 ☐ と ☐ 21 ☐ が大成した。蘭学の隆盛につれて絵画の技法も伝えられ、西洋画が発達し、油絵で「西洋婦人図」を描いた ☐ 22 ☐ や、銅版画で「不忍池図」を描いた ☐ 23 ☐ が出た。

重要用語チェック

1 昌平坂学問所
2 藩校（藩学）
3 郷校（郷学）
4 懐徳堂
5 富永仲基
6 山片蟠桃
7 寺子屋（手習所）

8 蔦屋重三郎
9 洒落本
10 黄表紙
11 山東京伝
12 恋川春町

13 与謝蕪村
14 柄井川柳
15 竹田出雲

16 鈴木春信
17 錦絵
18 喜多川歌麿
19 東洲斎写楽

20 円山応挙
21 池大雅
22 平賀源内
23 司馬江漢

原始
古墳
飛鳥
奈良
平安
鎌倉
室町
安土桃山
江戸
明治
大正
昭和
平成

❖❖❖ 時代をつかむ

時期	年	対外関係	年	幕府の対応
田沼期	1778	ロシア船，蝦夷地に来航	1783	[工藤平助]が『赤蝦夷風説考』を著す
			1786	**最上徳内**の蝦夷地探検
寛政期	1792	[ラクスマン](ロシア)，**根室**に来航	1792	[林子平]の『**海国兵談**』絶版
		…**大黒屋光太夫**送還，通商要求	1798	**近藤重蔵**ら，択捉島へ
				…「**大日本恵登呂府**」の標柱
			1799	東蝦夷地を直轄化
			1800	**伊能忠敬**，蝦夷地の測量
文化・文政期	1804	[レザノフ](ロシア)，長崎に来航	1807	蝦夷地全島を直轄化
	1808	[フェートン号]事件(イギリス)	1808	**間宮林蔵**，樺太探検
				…間宮海峡の発見
	1811〜13	**ゴローウニン**事件(ロシア)		
		➡**高田屋嘉兵衛**と交換(1813)	1825	[異国船打払令(無二念打払令)]
	1824	英船，薩摩・常陸に上陸	1828	シーボルト事件
天保期	1837	[モリソン号]事件(アメリカ)	1839	[蛮社の獄]…**高野長英・渡辺崋山**
	1840〜42	**アヘン戦争**…清が英に敗北		ら処分
			1842	天保の[薪水給与令]

▲北方探検

▲列強の接近

流れで覚える

◆　18世紀の後半になると，ロシア船が日本近海に出没するようになった。田沼意次は工藤平助の『　1　』に影響を受けて，　2　に蝦夷地の調査を命じた。1789年には国後島のアイヌによる蜂起が起こり，アイヌとロシアの連携が危惧された。幕府がロシアへの警戒心を抱く中，1792年にロシア使節　3　が，漂流民の　4　をともなって根室に来航して通商要求をした。しかし，幕府は長崎への入港許可証を渡して退去させ，諸藩に海防を命じた。桂川甫周は　4　の見聞をもとに『　5　』を著した。さらに幕府は1798年，　6　らに択捉島を調査させ，「大日本恵登呂府」の標柱を立てさせた。

◆　1804年にロシア使節の　7　が長崎へ来航して通商要求をしたが，幕府は鎖国を祖法として拒否した。そして，1807年，蝦夷地全島を直轄にして松前奉行の支配のもとに置き，1808年には　8　に樺太の調査をさせた。その後，1811年，国後島に上陸したロシア軍艦の艦長　9　を監禁し，日露関係は緊張したが，ロシアに抑留された淡路の商人　10　の尽力により事件は解決し，日露関係は改善された。1821年に幕府は蝦夷地を松前藩に還付した。

◆　1808年，イギリスの軍艦　11　がオランダ船を追って長崎に侵入し，やがて退去した。1824年には，イギリス船が常陸大津浜，薩摩宝島で強引に上陸する事件が起こり，幕府は翌年，　12　を出して外国船の撃退を命じた。

◆　オランダ商館医であった　13　は，長崎で鳴滝塾を開いていた。帰国の際に持ち出し禁止の地図を持っていたために処分され，それを渡した天文方の　14　も投獄された。1837年，アメリカ商船の　15　が漂流民の送還と通商を要求して来航した際に浦賀沖などに接近し，　12　にもとづいて撃退される事件が起こった。これについて，　16　は『戊戌夢物語』を，　17　は『慎機論』を著して幕府を批判した。そのため，幕府に処分される　18　が起こった。

◆　1840年から，清とイギリスとの間で　19　が起こりイギリスが勝利して南京条約が結ばれ，清は上海などの開港，香港の割譲などを認めさせられた。大陸の情勢を知った幕府は，　20　を出して，漂着した外国船に燃料や食料を与えることにして鎖国体制を維持しようとした。

重要用語チェック

1　赤蝦夷風説考
2　最上徳内
3　ラクスマン
4　大黒屋光太夫
5　北槎聞略
6　近藤重蔵

7　レザノフ
8　間宮林蔵
9　ゴローウニン
10　高田屋嘉兵衛

11　フェートン号
12　異国船打払令
　　（無二念打払令）

13　シーボルト
14　高橋景保
15　モリソン号
16　高野長英
17　渡辺崋山
18　蛮社の獄

19　アヘン戦争
20　薪水給与令

原始
古墳
飛鳥
奈良
平安
鎌倉
室町
安土桃山
江戸
明治
大正
昭和
平成

❖ 時代をつかむ

●文化・文政時代から天保の改革

<table>
<tr>
<td rowspan="2">文化・文政時代</td>
<td rowspan="1">11代将軍
［徳川家斉］
（1837年から
大御所）</td>
<td>▶文化年間…質素倹約
▶文政年間…放漫財政
　文政金銀（悪質）の鋳造
　幕府財政は潤い，将軍や大奥の生活は華美
▶［関東取締出役］設置（1805）…無宿人や博徒の横行に対応</td>
</tr>
<tr>
<td>［天保の飢饉］（1833～36）
三河加茂一揆・甲斐国郡内一揆・幕領で大規模な一揆
［大塩の乱］（1837）…大坂で大塩平八郎が蜂起
生田万の乱（1837）…国学者生田万が大塩の乱に呼応
徳川斉昭（水戸）の『戊戌封事』…「内憂外患」への対処を意見する</td>
</tr>
<tr>
<td>天保の改革</td>
<td>12代将軍
徳川家慶

老中
［水野忠邦］</td>
<td>▶風俗統制…為永春水（人情本）・柳亭種彦（合巻）の弾圧
▶株仲間の解散（1841）…物価引下げをめざす
▶人返しの法（1843）…強制帰村，江戸への出稼ぎ禁止
▶［上知令］（1843）…江戸・大坂周辺の直轄化めざす
　➡大名・旗本などの反発を受け，忠邦失脚</td>
</tr>
</table>

●手工業の発達

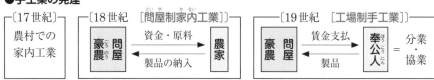

─〔17世紀〕─　　─〔18世紀　［問屋制家内工業]］─　　　　　─〔19世紀　［工場制手工業]］─

農村での　　　　豪農｜問屋　──資金・原料→　農家　　　　豪農｜問屋　──賃金支払→　奉公人　＝　分業・
家内工業　　　　　　　　　←製品の納入──　　　　　　　　　　　　　←製品──　　　　　　　協業

●江戸中期から後期の藩政改革

<table>
<tr>
<td>江戸中期</td>
<td>▶農村復興，専売制強化，藩校設立（人材登用）
熊本藩・［細川重賢］…藩校［時習館］設立
米沢藩・［上杉治憲］…藩校［興譲館］再興
秋田藩・［佐竹義和］…藩校［明徳館］設立</td>
</tr>
<tr>
<td>江戸後期</td>
<td>▶財政再建に成功，人材登用
薩摩藩…島津重豪，［調所広郷］の登用，［黒砂糖］の専売制
　　　　島津斉彬，［集成館］（洋式工場群）建設（安政期）
長州藩…毛利敬親，［村田清風］の登用，［越荷方］で利益を得る
佐賀藩…鍋島直正，［均田制］，［反射炉］の鋳造
土佐藩…山内豊信（容堂）　　水戸藩…徳川斉昭など</td>
</tr>
</table>

流れで覚える

◆ 11代将軍 [1] は松平定信が失脚した後も，文化・文政時代を通じて親政を行い，将軍職を [2] に譲った後も [3] として実権を握り続けた。この時期には悪質の [4] を発行したため，物価は上昇していたが，幕府の財政は潤い，将軍や大奥の生活は華美に流れた。

◆ 関東の農村で無宿人や博徒が横行し，治安の悪化が生じたため，幕府は1805年，[5] を設置するとともに，近隣の村々に [6] を組織させて治安維持をはかった。大坂周辺の農村では，文政期に大坂の問屋による木綿や菜種の流通独占などに対し，在郷商人が中心となり数カ国の村々が連合して [7] といわれる合法的な訴願闘争を行い，流通の自由化を実現させた。手工業生産では，18世紀に問屋制家内工業が広範に展開していたが，19世紀前半になると絹織物業や綿織物業では，奉公人（賃金労働者）を工場に集めて生産を行う [8] も出現した。

◆ 天保年間には厳しい飢饉にみまわれた（天保の飢饉）。そのため，甲斐国 [9] 地方や，三河国 [10] 郡など幕府の直轄領でも大規模な一揆が起こった。また，大坂では町奉行所のもと与力で陽明学者の [11] が貧民救済を要求し，門下生を率いて蜂起した。これに呼応して，国学者 [12] も越後柏崎で蜂起した。

◆ 天保の飢饉にともなう国内問題や欧米列強の接近に対処するため，[1] の死後，老中 [13] を中心に天保の改革が行われた。幕府は，風俗の取締りのため人情本作家の [14] や合巻作家の [15] を処分した。1841年，物価引下げのため，[16] を命じたが逆効果となった。一方で1843年には江戸貧民の帰村を強制する [17] を発して農村再建をはかった。さらに [18] を出して江戸・大坂周辺を幕領化して財政の安定や対外防備の強化をめざしたが，大名や旗本の反発を受けて失敗した。

◆ 江戸時代中期，各藩では人材養成のため，米沢藩の [19] が [20] を再興，熊本藩の [21] が [22] を設置するなど藩校が設立された。江戸時代後期になると，各藩では財政再建と人材登用をはかった。薩摩藩では [23] が登用され，[24] の専売制などを進め，長州藩では [25] が登用され，下関などの [26] で金融業・倉庫業を行った。佐賀藩では，[27] を実施して本百姓の再生をはかり，反射炉を建設した。

原始
古墳
飛鳥
奈良
平安
鎌倉
室町
安土桃山
江戸
明治
大正
昭和
平成

時代をつかむ

●学問・思想

経世論	[海保青陵]…『稽古談』 [本多利明]…『経世秘策』『西域物語』 [佐藤信淵]…『経済要録』『農政本論』
国学	[平田篤胤]…復古神道
尊王論	会沢安…『新論』 藤田東湖…『弘道館記述義』
洋学	[志筑忠雄]…『暦象新書』『鎖国論』 宇田川榕庵…『舎密開宗』 [伊能忠敬]…『大日本沿海輿地全図』 高橋景保…天文方に[蛮書和解御用]を設置 シーボルト…[鳴滝塾](長崎)，シーボルト事件(1828) [緒方洪庵]…適々斎塾(適塾・大坂)

●文芸・絵画

	分野	作家	作品	その他
文芸	滑稽本	[十返舎一九]	『東海道中膝栗毛』	
		式亭三馬	『浮世風呂』『浮世床』	
	合巻	[柳亭種彦]	『偐紫田舎源氏』	天保の改革で弾圧
	人情本	[為永春水]	『春色梅児誉美』	天保の改革で弾圧
	読本	[上田秋成]	『雨月物語』	
		曲亭(滝沢)馬琴	『南総里見八犬伝』『椿説弓張月』	
	俳諧	小林一茶	『おらが春』	
	狂歌	大田南畝	『万載狂歌集』	
	脚本	鶴屋南北	『東海道四谷怪談』	
	その他	鈴木牧之	『北越雪譜』	
		菅江真澄	『菅江真澄遊覧記』	
絵画	浮世絵	[葛飾北斎]	「富嶽三十六景」	風景画
		[歌川広重]	「東海道五十三次」	風景画
	文人画	[渡辺崋山]	「鷹見泉石像」「一掃百態」	
	写生画	呉春(松村月溪)	「柳鷺群禽図屏風」	

∵∵∵∵ 流れで覚える

◆　幕藩体制の動揺を背景に，それを立て直す方法を模索する学問・思想が発達した。封建制度の維持や改良を説く経世思想では　1　が『稽古談』を，　2　は『経世秘策』『西域物語』を，　3　は『経済要録』などを著した。水戸学では，藤田東湖，『新論』を著した　4　らの学者が出て，尊王攘夷思想を説いた。国学では　5　の復古神道が盛んになり，武士や豪農・神職に浸透し，幕末期には現実の政治を動かす思想として発達した。

◆　洋学では元オランダ通詞の　6　が『暦象新書』を著してニュートンの説を紹介し，17世紀末にオランダ商館に来たケンペルの論文を翻訳して『鎖国論』を著した。幕命で蝦夷地の測量を行った　7　は『大日本沿海輿地全図』を作成した。天文方高橋景保の建議で，幕府は洋学機関として　8　を設けた。また，　9　は大坂に　10　を開き，福沢諭吉などの人材を輩出した。しかし，洋学研究はシーボルト事件や蛮社の獄など，幕府の弾圧を受け，実学としての性格を強めた。

◆　庶民生活の滑稽さや笑いを描いた　11　が盛んになり，『浮世風呂』の　12　，『東海道中膝栗毛』の　13　が現れた。歴史や伝説を題材とした　14　は，『雨月物語』を書いた　15　に始まり，　16　が『南総里見八犬伝』など勧善懲悪を盛り込む作品を描いた。恋愛を扱った　17　では　18　が『春色梅児誉美』を，黄表紙をとじ合わせた合巻では　19　が『偐紫田舎源氏』を描いたが，ともに天保の改革で弾圧された。

◆　伝統絵画では，円山派から分かれた　20　が四条派をおこした。文人画は，江戸の谷文晁の門人で，「鷹見泉石像」などを描いた　21　らが出て全盛期を迎えた。一方，錦絵の風景画が流行し，「富嶽三十六景」を描いた　22　，「東海道五十三次」を描いた　23　らが人気を博した。

◆　地方でも，『北越雪譜』を描いた　24　のような文化の担い手が現れた。民衆生活にも変化が現れ，有力な寺社の境内は縁日や開帳・富突（富くじ）などを催し，人々でにぎわった。庶民の旅も盛んとなり，伊勢神宮・善光寺などへの　25　や，聖地・霊場への　26　が盛んに行われ，　27　という爆発的に伊勢神宮に参詣するという現象も数十年ごとに起こった。また五節句や彼岸会・盂蘭盆会などの行事や，日待・月待・庚申講などの集まりもあった。社会不安が増大すると，黒住宗忠の　28　，中山みきの　29　，川手文治郎の　30　などの民衆宗教がおこった。

重要用語チェック	
1	海保青陵
2	本多利明
3	佐藤信淵
4	会沢安
5	平田篤胤
6	志筑忠雄
7	伊能忠敬
8	蛮書和解御用
9	緒方洪庵
10	適々斎塾（適塾）
11	滑稽本
12	式亭三馬
13	十返舎一九
14	読本
15	上田秋成
16	曲亭（滝沢）馬琴
17	人情本
18	為永春水
19	柳亭種彦
20	呉春（松村月溪）
21	渡辺崋山
22	葛飾北斎
23	歌川広重
24	鈴木牧之
25	寺社参詣
26	巡礼
27	御蔭参り
28	黒住教
29	天理教
30	金光教

原始

古墳

飛鳥

奈良

平安

鎌倉

室町

安土桃山

江戸

明治

大正

昭和

平成

48　開国とその影響

◆◆ 時代をつかむ

●開国

将軍	老中大老	年	列強・清国の動向	幕府の対応
徳川家慶		1844	オランダ国王の開国勧告	
	阿部正弘	1846	ビッドル（米），浦賀に来航	
		1853	[ペリー]（米），浦賀に来航	品川の台場建造に着手
			プチャーチン（露），長崎に来航	大船建造を解禁
		1854	[ペリー]（米），浦賀に再来航	[日米和親条約]調印
			イギリス艦隊，長崎に来航	日英和親条約調印
			[プチャーチン]（露），下田に来航	日露和親条約調印
徳川家定	堀田正睦	1855		日蘭和親条約調印
		1856	アメリカ総領事ハリス，下田着任	
			➡通商要求	
			アロー戦争（〜1860）	
	[井伊直弼]	1858		[井伊直弼]，大老就任
			清国，天津条約調印	[日米修好通商条約]調印
				➡蘭・露・英・仏とも
		1859		開港貿易開始

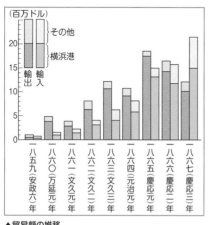

▲貿易額の推移

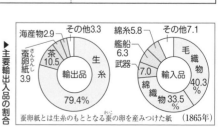

▶主要輸出入品の割合

蚕卵紙とは生糸のもととなる蚕の卵を産みつけた紙　（1865年）

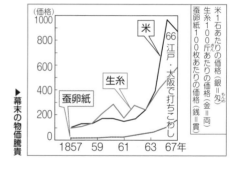

▶幕末の物価騰貴

⠿⠿ 流れで覚える

◆　1844年，　[1]　国王が幕府に開国を勧告したが，幕府は拒否した。1853年には　[2]　が浦賀に来航して開国を要求した。老中首座　[3]　は米大統領　[4]　の国書を受理し，翌年の回答を約束した。同年，ロシア使節の　[5]　も長崎に来航した。翌年，　[2]　が再来航し，幕府は日米和親条約を締結した。その内容は薪水・食料の給与，伊豆の　[6]　，松前の　[7]　の開港などで片務的最恵国待遇を認めるものであった。ロシアとは日露和親条約を締結し，　[8]　以南は日本領，　[9]　以北はロシア領，　[10]　は両国雑居とする国境を定めた。

◆　1856年，アメリカの総領事　[11]　が　[6]　に着任し，通商条約の締結を要求した。老中首座　[12]　は　[13]　天皇に条約勅許を得ようとしたが拒否された。1858年，アロー戦争で英仏が清をやぶると，対外的危機を説いて，　[11]　は条約の調印をせまり，大老に就任した　[14]　は無勅許で　[15]　に調印した。その内容は　[16]　・長崎・新潟・兵庫の開港，自由貿易，居留地の設定などで，日本人に対して法を犯したアメリカ人に　[17]　を認め，関税率を日米で協議する　[18]　（関税自主権の欠如）を定めた不平等条約であった。幕府は同様の条約を蘭・露・英・仏とも締結した（安政の五カ国条約）。

◆　貿易は1859年から　[19]　・長崎・　[7]　で始まった。　[19]　港が中心で，貿易相手は　[20]　が中心であった。輸出品の1位は　[21]　，輸入品は1位毛織物，2位　[22]　であった。その影響で製糸業はマニュファクチュア化が進み，綿産業は停滞した。

◆　貿易は1866年まで輸出超過で，輸出のために生糸などが産地から横浜に直送され，江戸では商品不足が起こった。そのため，幕府は重要品目（雑穀・水油・蠟・呉服・生糸）を江戸の問屋を経て輸出するように命じる　[23]　を出したが，在郷商人や列国の反対で失敗した。また，金銀の交換比率が外国では1：15，日本では1：5と差があることによる金の海外流出を防ぐため，幕府は金の含有量を減らした　[24]　を鋳造して対応した。そのため，大幅に物価が上昇した。

◆　物価の上昇は庶民の生活を圧迫し，一揆や打ちこわしが頻発し，攘夷運動が激化した。1860年，　[11]　の通訳であったヒュースケンが殺害され，1862年には　[25]　藩の高杉晋作らによりイギリス公使館が焼打ちされた。

重要用語チェック

1　オランダ
2　ペリー
3　阿部正弘
4　フィルモア
5　プチャーチン
6　下田
7　箱館
8　択捉島
9　得撫島
10　樺太

11　ハリス
12　堀田正睦
13　孝明天皇
14　井伊直弼
15　日米修好通商条約
16　神奈川
17　領事裁判権
18　協定関税

19　横浜
20　イギリス
21　生糸
22　綿織物

23　五品江戸廻送令
24　万延小判

25　長州藩

原始　古墳　飛鳥　奈良　平安　鎌倉　室町　安土桃山　江戸　明治　大正　昭和　平成

❖❖❖ **時代をつかむ**

●**幕末の政治過程**

将軍	年月	事項
家定	1854. 3	[日米和親条約] 調印
	1855. 10	**堀田正睦**, 老中就任
	1858. 4	**井伊直弼**, 大老就任
	6	[日米修好通商条約] 調印
		将軍継嗣を**慶福**(紀伊藩主)に決定
	9	[安政の大獄](〜59)…反対派の公家・大名やその家臣を弾圧
[家茂]	1860. 3	[桜田門外の変]で**井伊直弼**が暗殺される
	1861. 10	和宮(孝明天皇の妹)を将軍家茂の妻に迎える
	1862. 1	**坂下門外の変**で**安藤信正**が失脚
	4	寺田屋事件
	7	[文久の改革]が始まる
	8	**生麦事件**…薩摩藩による外国人殺傷事件
	1863. 5	長州藩が外国船を砲撃
	7	**薩英戦争**
	8	天誅組の変
		[八月十八日の政変]…薩摩・会津が長州勢力を京都から追放
	10	生野の変
	1864. 3	天狗党の乱
	6	池田屋事件
	7	**禁門(蛤御門)の変**…京都で薩摩・会津などに長州敗北
		第1次**長州征討**…長州藩は幕府に恭順
	8	**四国艦隊下関砲撃事件**
	1865. 10	条約勅許
	1866. 1	[薩長同盟(連合)]成立
	5	改税約書に調印
	6	第2次**長州征討**…将軍家茂の死去で中止
[慶喜]	1866. 12	[徳川慶喜]が15代将軍に就任, **孝明天皇**が急死
		※ この頃,「ええじゃないか」起こる
	1867. 10	[大政奉還]…慶喜が天皇に政権を返上
	12	[王政復古の大号令]…天皇を中心とする新政府の樹立
	1868. 1	[戊辰戦争]の開始

流れで覚える

◆　13代将軍 [1] に子がなかったため，将軍継嗣問題が起こり，[2] を推す越前藩主 [3]，薩摩藩主 [4] らの一橋派と，[5] を推す [6] ら譜代大名の南紀派が対立した。1858年 [6] が大老に就任すると，継嗣を [5] に決定（14代将軍家茂），無勅許で日米修好通商条約に調印した。[6] は反対派の公家・大名を弾圧し，長州藩の [7] や越前藩の橋本左内らを処刑した（[8]）。そのため，水戸浪士らに [9] で暗殺された。

◆　老中 [10] は公武合体策をとり孝明天皇の妹 [11] を将軍の正室に迎えたが，反発を受けて [12] で襲撃された。一方，薩摩藩の [13] が勅使を奉じて江戸に下り，幕政改革を要求し，文久の改革が行われた。[14] に [3]，[15] に [2]，[16] に会津藩の松平容保が就任し，参勤交代を三年一勤とした。[13] の帰国途上，行列への非礼を咎めイギリス人を殺傷する [17] が起こった。

◆　京都では長州藩を中心とする尊攘派の動きが激しくなった。朝廷は幕府に攘夷を迫り，幕府は諸藩に攘夷決行を命じ，長州藩は下関で外国船を砲撃した。しかし，公武合体派の薩摩・会津は [18] を起こし，長州藩や急進派の公家三条実美らを京都から追放した。勢力回復を狙った長州藩は京都に攻めあがるが，薩摩・会津に撃退された（[19]）。その後，幕府は長州藩を朝敵として第1次長州征討を実施し，長州藩は恭順した。

◆　[17] の報復から起こった薩英戦争に敗れた薩摩藩は [20] と接近し，西郷隆盛・大久保利通らが主導権を握った。英・仏・米・蘭の四国艦隊に下関を砲撃された長州藩も攘夷不可能を悟り，高杉晋作・桂小五郎らが [21] を率いて藩の主導権を握った。1866年，幕府が第2次長州征討を宣言すると，薩摩藩と長州藩は接近し，[22] を結んで幕府に対抗した。家茂が死去したために戦闘は中止され，[23] が15代将軍となった。

◆　1867年，武力討幕を決意した薩長両藩に討幕の密勅が下った。同日，[23] は前土佐藩主山内豊信の建議で [24] を行い天皇に政権を返上した。それに対し，薩長側は [25] で，天皇親政・幕府廃止などを宣言し，新政府を樹立した。同日夜，小御所会議で [23] に内大臣の辞退と領地の返上を命じる辞官納地命令が出され，反発した旧幕府側が挙兵し，戊辰戦争が始まった。

🔶 時代をつかむ

●新政府の成立と戊辰戦争

年月	新政府の成立	年月	戊辰戦争
1867. 12	王政復古の大号令		
1868. 3	［五箇条の誓文］	1868. 1	鳥羽・伏見の戦い
	五榜の掲示		…［戊辰戦争］の始まり
閏4	政体書	4	江戸城開城
9	明治改元・一世一元の制	5	奥羽越列藩同盟結成
1869. 3	東京遷都	1869. 5	五稜郭の戦い

●近代化政策の進展

	年月	諸政策	年月	軍事・警察制度
中央集権体制へ	1869. 6	版籍奉還	1869. 7	兵部省設置
		開拓使設置		
	1871. 4	戸籍法公布	1871. 2	薩長土より(御)親兵を徴集
	7	［廃藩置県］		
		太政官三院制		
近代化政策の進展	1871. 8	(身分)解放令	1871. 8	鎮台の設置
	1872. 2	壬申戸籍	1872. 2	陸軍省・海軍省設置
			3	近衛兵設置
	8	［学制］公布	11	徴兵告諭の公布
	1873. 7	［地租改正条例］公布	1873. 1	［徴兵令］公布
	12	秩禄奉還の法	11	内務省設置
			1874	東京に警視庁設置
	1876. 8	金禄公債証書発行条例公布		
		（［秩禄処分］）		

●地租改正

	改正前 ⟶ 改正後	
	改正前	改正後
課税基準	収穫高	地価
税率	不定	地価の3％
納入方法	物納・村単位	金納・個人
納税者	本百姓	地券所有者

●中央政府の組織

▶［太政官三院制］：廃藩置県後
　［正院］…政治の最高機関
　　太政大臣・左右大臣・参議
　［左院］…立法機関
　［右院］…各省長官・次官による会議

流れで覚える

◆　新政府は　**1**　で全国を統一した。一方で，新政府の整備を進め，1868年3月，公議世論の尊重・開国和親などの基本方針を示す　**2**　を公布した。翌日，民衆に対して　**3**　を掲げ，江戸幕府の民衆政策を引き継いで強訴・徒党やキリスト教を禁止するなどした。その後，　**4**　を制定し，太政官への権力集中や三権分立，府藩県の三治制を定めた。さらに，明治と改元して　**5**　の制を定め，東京に遷都するなど，天皇権威の高揚をはかった。

◆　新政府は中央集権をめざし，1869年，　**6**　を行い，旧大名を地方官である　**7**　に任命した。しかし，徴税と軍事の両権は諸藩に属していた。中央集権の実をあげたい新政府は，薩摩・長州・土佐から　**8**　を徴集して軍事力を固めた上で，1871年，　**9**　を断行した。その結果，　**7**　は罷免されて東京居住を命じられ，中央から派遣する府知事・県令が地方行政を行った。　**9**　後，官制改革では，太政官を三院制とした。

◆　　**9**　後，急速な近代化が進められた。軍制改革では，長州藩の　**10**　の構想を　**11**　が引き継いで実現した。政府は1872年に　**12**　を出して国民皆兵の理念を示し，翌年，　**13**　を公布した。これにより，満20歳の男子が3年間，兵役に服することとなったが，当初は徴兵を免除する免役規定があった。

◆　政府は身分制度を解体するため，四民平等の政策を進めた。旧大名公家は　**14**　，藩士・旧幕臣は　**15**　，農工商は　**16**　とされ，職業選択の自由と苗字が許された。1871年には，　**17**　が制定され，翌年，新たな区分に基づく　**18**　が作成された。一方で　**14**・**15**　に支給している秩禄が政府の財政を圧迫していたため，1873年には　**19**　が定められ，1876年には　**14**・**15**　に金禄公債証書が交付されて秩禄が全廃された。政府は北海道開発・警備に従事する　**20**　制度などの士族授産を行った。

◆　政府は財政の安定をめざして税制改革を進めた。1871年，田畑勝手作りを許可し，翌年には田畑永代売買の禁止令を解き，　**21**　を発行して土地所有権を確立した。そして1873年，　**22**　を公布し，　**23**　の3%を土地所有者（地券所有者）が　**24**　することとした。しかし，地租改正反対一揆が起こり，1877年，税率を　**25**　%に引き下げた。

重要用語チェック

1 戊辰戦争
2 五箇条の誓文
3 五榜の掲示
4 政体書
5 一世一元の制
6 版籍奉還
7 知藩事
8 （御）親兵
9 廃藩置県
10 大村益次郎
11 山県有朋
12 徴兵告諭
13 徴兵令
14 華族
15 士族
16 平民
17 戸籍法
18 壬申戸籍
19 秩禄奉還の法
20 屯田兵
21 地券
22 地租改正条例
23 地価
24 金納
25 2.5%

原始　古墳　飛鳥　奈良　平安　鎌倉　室町　安土桃山　江戸　**明治**　大正　昭和　平成

❖❖ 時代をつかむ

●明治初期の外交

年	東アジア関係	年	欧米関係
1871	[日清修好条規]の締結	1871	[岩倉使節団]の派遣（～73）
1872	琉球藩の設置		
1873	征韓論➡明治六年の政変		
1874	台湾出兵（征台の役）		
1875	江華島事件	1875	樺太・千島交換条約の締結
1876	[日朝修好条規]（江華条約）締結	1876	小笠原諸島の領有
1879	沖縄県の設置（[琉球処分]）		

▼朝鮮半島

日朝修好条規による開港場（数字は開港年）

▼日露の国境

--- 1854年（日露和親条約）国境
—·— 1875年（樺太・千島交換条約）国境

▲岩倉使節団

●士族解体と士族の反乱

年月	事項
1869. 6	華士族に家禄・賞典禄を下賜
1871. 8	散髪脱刀令
1873.10	明治六年の政変
12	秩禄奉還の法
1874. 2	[佐賀の乱]（佐賀・江藤新平）
6	屯田兵制度
1876. 3	[廃刀令]
8	金禄公債証書発行条例（秩禄処分）
10	敬神党（神風連）の乱（熊本）
	秋月の乱（福岡）
	萩の乱（山口・前原一誠）
1877. 2	[西南戦争]（鹿児島・西郷隆盛）

④萩の乱
③秋月の乱
①佐賀の乱
②敬神党の乱
⑤西南戦争

萩
秋月
佐賀
熊本
鹿児島

▲士族反乱

•••••• 流れで覚える

◆　新政府は幕府から引き継いだ不平等条約の改正を課題としていた。1871年に右大臣 [1] を大使とする使節団が欧米に派遣されたが，最初の目的地アメリカでの交渉に失敗し，欧米諸国の視察をして帰国した。この使節で派遣された留学生の中には，後に女子英学塾を設立する [2] や，ルソーの『社会契約論』を紹介した中江兆民らがいた。

◆　政府はロシアとの間で懸案となっていた樺太の帰属について全権 [3] を派遣し，1875年，[4] を締結した。また，[5] の領有を宣言し，アメリカ・イギリスの異議はなく，1876年に内務省の管轄とした。

◆　清国とは，1871年，対等な条約である [6] を締結し，国交を樹立した。江戸時代，日中両属状態にあった琉球王国については，1872年，[7] として国王 [8] を藩王とした。琉球漂流民殺害事件を背景として，1874年には [9] を断行したが，英公使 [10] の調停で解決した。1879年には，軍事力を背景に [11] を設置した（琉球処分）。これにより，清国との間で琉球帰属問題が発生し，前米大統領 [12] の [13] 案による調停が行われたが失敗した。

◆　新政府成立後，日本政府は鎖国政策をとる朝鮮に国交樹立を求めていたが，不調に終わっていた。1873年，留守政府の西郷隆盛や板垣退助らは国内の緊張を対外問題にそらすため，朝鮮を武力で開国させようとする [14] を唱えたが，帰国した使節団の大久保利通や岩倉らが内治優先を唱えて，それを阻止したため下野した（明治六年の政変）。その後，1875年，日本の軍艦による示威行動から朝鮮側との戦闘に発展した [15] 事件を機に，翌年，[16] を全権として派遣して [17] を締結した。これにより [18] ・仁川（インチョン）・元山（ウォンサン）の開港などを含む不平等条約をおしつけて朝鮮を開国させた。

◆　1874年，下野した征韓派参議の一人 [19] は不平士族にむかえられて [20] を起こした。1876年には廃刀令が出され，さらに秩禄処分が断行されると敬神党（神風連）の乱，秋月の乱，前参議前原一誠による [21] が起こった。翌年，西郷隆盛を首領として，[22] 生ら薩摩士族が中心となる [23] が発生したが鎮圧され，士族の反乱は終息した。

原始

古墳

飛鳥

奈良

平安

鎌倉

室町

安土桃山

江戸

明治

大正

昭和

平成

◆◆◆ 時代をつかむ

●1870～1880年代の経済政策

	年	経済政策など	年	貨幣・金融制度の整備
殖産興業	1869	**開拓使**設置	1868	**太政官札**発行
		東京・横浜間に**電信線**開通	1869	民部省札発行
	1870	［工部省］設置		
	1871	**郵便制度**発足（**前島密**）	1871	［新貨条例］公布
	1872	**新橋・横浜間の鉄道開通**	1872	［国立銀行条例］公布
		富岡製糸場開業		
	1873	［内務省］設置		
	1874	**屯田兵**制度		
	1877	第1回**内国勧業博覧会**	1876	国立銀行条例改正➡不換紙幣乱発
	1880	**工場払下げ概則**制定	1880	横浜正金銀行設立
	1881	**農商務省**設置		
松方財政	1881	**松方正義**が大蔵卿に就任		○不換紙幣の整理
		○［緊縮財政］を進める	1882	［日本銀行］設立
	1884	工場払下げ概則廃止		
		○松方デフレによる不況	1885	銀兌換銀行券の発行➡翌年，兌換開始

●**松方財政**…不換紙幣の整理・兌換制度の確立

国立銀行条例改正（1876） …兌換義務の廃止	背景	西南戦争の勃発（1877） …戦費の調達

不換銀行券の発行 ↓　　　　　**不換紙幣の発行** ↓

インフレーションの発生
定額地租のため，政府歳入の実質的減少

⬇

松方財政による財政再建

歳入の増加 醤油税・菓子税など新設 酒税・煙草税の増徴など	歳出の抑制…緊縮財政 歳入余剰で**不換紙幣の処分 官営事業の払下げ**

⬇

兌換制度の確立
［日本銀行］設立（1882）…唯一の発券銀行
国立銀行条例再改正（1883）…紙幣発行権のない普通銀行へ
銀兌換銀行券発行（1885）→兌換開始（1886）＝**銀本位制**

●**官営事業の払下げ**

官営事業	払下げ先
東京砲兵工廠 大阪砲兵工廠	なし
佐渡金山	三菱
生野銀山	三菱
足尾銅山	古河
［高島炭鉱］	三菱
三池炭鉱	三井
［長崎造船所］	三菱
兵庫造船所	川崎
［富岡製糸場］	三井
新町紡績所	三井

···· 流れで覚える

◆　政府は富国強兵のため，お雇い外国人の指導のもと官営事業を推進して殖産興業政策を進めた。当初，中心となったのは1870年に設置された　**1**　省であった。1872年には新橋から　**2**　間にイギリス人　**3**　の指導で官営鉄道を敷設し，旧幕府や藩の経営していた鉱山や工場を接収するなどした。通信では，1869年に初めて東京から横浜間に　**4**　がひかれ，1871年に　**5**　の建議で飛脚に代わる官営の　**6**　が発足した。海運業では政商　**7**　の三菱を保護した。一方で，政府は輸出の中心であった生糸の生産に力を入れ，1872年，群馬県に　**8**　を設けてフランスの技術を導入し，士族の子女を採用して工女の養成をはかった。

◆　1873年に大久保利通が初代長官となった　**9**　省は，1877年，上野で第1回　**10**　を開催，製糸や紡績などの官営模範工場を設立したのをはじめ，農業でも駒場農学校などを開設した。また，1869年には蝦夷地を北海道と改称して　**11**　を置き，　**12**　を招いてアメリカ式大農場制度の移植をはかり，さらに　**13**　を教頭に招いて　**14**　を設立した。そして，開拓とロシア警備のため　**15**　制度を設けた。

◆　発足当初，新政府は財政難のため，不換紙幣である太政官札などを発行した。1871年には貨幣制度整備のため，　**16**　を出して円・銭・厘を単位に金貨を発行し，貿易銀も発行した。政府は民間による兌換紙幣発行をめざし，1872年，　**17**　が中心となりアメリカの制度を参考に　**18**　を定めた。しかし，銀行の設立が進まず，1876年に改正して兌換義務を廃止した。

◆　国立銀行券が乱発され，政府が西南戦争の戦費調達の必要から不換紙幣を増発したため，激しいインフレーションが起こり，政府は財政難に陥った。大蔵卿の　**19**　は明治十四年の政変で罷免され，ついで大蔵卿に就任した　**20**　がその再建をはかった。増税により歳入の増加をはかり，軍事費以外の歳出を緊縮した。そして財政余剰により不換紙幣を処分し，1882年，中央銀行として　**21**　を設立し，兌換銀行券を発行して　**22**　本位制を確立した。一方で1881年に設置された農商務省により民間産業育成をはかるとともに，1884年，　**19**　の制定した　**23**　を廃止して官営事業払下げを進めた。その結果，政府の財政は安定したが，米価・繭価は下落して深刻な農村不況となった。

重要用語チェック

1　工部省
2　横浜
3　モレル
4　電信線
5　前島密
6　郵便制度
7　岩崎弥太郎
8　富岡製糸場

9　内務省
10　内国勧業博覧会
11　開拓使
12　ケプロン
13　クラーク
14　札幌農学校
15　屯田兵

16　新貨条例
17　渋沢栄一
18　国立銀行条例

19　大隈重信
20　松方正義
21　日本銀行
22　銀本位制
23　工場払下げ概則

原始
古墳
飛鳥
奈良
平安
鎌倉
室町
安土桃山
江戸
明治
大正
昭和
平成

時代をつかむ

	年	民権派の動き	政府の動き
運動の開始	1873		明治六年の政変➡征韓派参議が下野
	1874	愛国公党の結成 [民撰議院設立の建白書]を左院へ 立志社(土佐)の設立	大久保政権の成立
	1875	[愛国社]の結成(大阪)———	➤大阪会議…大久保・木戸・板垣会見 [漸次立憲政体樹立の詔] 讒謗律・新聞紙条例公布
運動の本格化	1877	立志社建白	
	1878	愛国社の再興	地方三新法の制定…郡区町村編制法・ 府県会規則・地方税規則
	1880	[国会期成同盟]の結成(大阪)	[集会条例]公布
	1881	開拓使官有物払下げ事件 自由党の結成(板垣退助) 私擬憲法の作成	明治十四年の政変➡参議大隈を罷免 国会開設の勅諭 松方財政の開始
	1882	立憲改進党の結成(大隈重信)	
運動の停滞	1882	福島事件	
	1884	加波山事件 自由党解党 [秩父事件]…困民党の蜂起	
	1885	大阪事件	内閣制度創設
運動の再編	1886	大同団結の提唱	
	1887	[三大事件建白運動]———	➤[保安条例]公布
	1888		大隈重信入閣,枢密院設置
	1889		[大日本帝国憲法]の発布

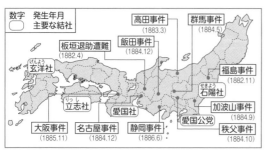

数字	発生年月
⬭	主要な結社

高田事件 (1883.3)
群馬事件 (1884.5)
飯田事件 (1884.12)
板垣退助遭難 (1882.4)
玄洋社
福島事件 (1882.11)
石陽社
立志社
愛国社
加波山事件 (1884.9)
愛国公党
大阪事件 (1885.11)
名古屋事件 (1884.12)
静岡事件 (1886.6)
秩父事件 (1884.10)

▲自由党の騒擾事件

▲板垣退助

▲大隈重信

∷∷∷∷ 流れで覚える

◆　明治六年の政変を契機に，大久保利通が政府の中心となった。下野した板垣退助らは [1] を結成し，1874年，[2] を太政官左院に提出した。そのなかで官僚の独裁を批判して，国会開設を要求した。その後，板垣は土佐の片岡健吉・植木枝盛らとともに [3] を設立した。翌年，運動の全国組織である [4] が大阪で設立された。この動きに対して，1875年，大久保は [5]・板垣と大阪で会談した（大阪会議）。その結果，[6] の詔が出され，立法機関の [7]，司法機関の [8] などが設置された。一方で政府は批判を取り締まるため，讒謗律・新聞紙条例を制定した。

◆　西南戦争後，地方三新法の制定で [9] が開かれ，運動は豪農層にも広がった。一方，1877年には，片岡らが中心となり国会開設を要求する [10] を提出しようとした。1880年には大阪で [11] が結成され，片岡・河野広中を中心に国会開設請願書を政府に提出した。これに対して政府は [12] を制定して政社の活動を規制した。民間では，交詢社の「私擬憲法案」や植木枝盛の「東洋大日本国国憲按」などの私擬憲法がつくられた。

◆　政府内では国会の早期開設を主張する [13] と漸進主義の [14] が対立していた。その中で開拓使官有物払下げ事件が起こり，開拓使長官 [15] の官有物払下げが問題になると，政府はこれを攻撃していた [13] を罷免し，1881年，[16] を出して国会開設を公約した（明治十四年の政変）。この前後には政党結成が進んだ。板垣はフランス流の自由主義を唱える [17]，[13] はイギリス流の議院内閣制を主張する [18]，福地源一郎は政府系の [19] を結成し，国会開設に備えた。

◆　松方財政は農村不況を生み，運動から離脱する豪農層もいた。そのなかで，1882年には民権派の拠点であった福島で，県令の三島通庸が河野弘中らの自由党員を逮捕する [20] が起こった。さらに1884年には，埼玉県で困民党と称する農民たちが蜂起する [21] が起こった。この間に [17] が解党するなど，運動は指導部を失い停滞した。

◆　国会開設を目前にひかえ，1887年，星亨らは [22] を提唱して運動の再結集をはかり，一方で井上馨外相の条約改正交渉の失敗を機に，地租軽減・言論集会の自由・外交失策の回復を要求する [23] が起こった。これに対して，[24] 内閣は [25] を制定し，民権派を東京から追放し，運動の指導者である [13] や後藤象二郎を入閣させた。

原始
古墳
飛鳥
奈良
平安
鎌倉
室町
安土桃山
江戸
明治
大正
昭和
平成

❖ 時代をつかむ

●憲法の制定・諸法典の整備の過程

年	大日本帝国憲法体制の形成	諸法典の整備
1870		新律綱領公布
1873		改定律例公布
1878	地方三新法の制定	
1880		刑法・治罪法公布…フランス流
1881	国会開設の勅諭	
1882	[伊藤博文]の渡欧…憲法調査	
1884	制度取調局の設置 華族令の制定…上院の準備	
1885	[内閣制度]の制定	
1886	憲法草案の起草	
1888	市制・町村制公布 [枢密院]の設置…憲法草案の審議	
1889	[大日本帝国憲法]の発布(黒田内閣) 皇室典範制定	
	[衆議院議員選挙法]公布…制限選挙	
1890	府県制・郡制公布	民法(フランス流)公布→施行延期
		刑事訴訟法公布…ドイツ流
		商法公布→施行延期
1896		修正民法(1〜3編)公布…ドイツ流
1898		修正民法(4〜5編)公布…ドイツ流
1899		修正商法公布…ドイツ流

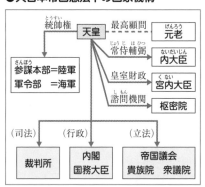

▲伊藤博文

●大日本帝国憲法下の国家機構

```
                    統帥権        最高顧問
        天皇 ─────────────── 元老
         │  常侍輔弼
         │  └── 内大臣
 参謀本部=陸軍
 軍令部 =海軍  皇室財政
         │  └── 宮内大臣
         │  諮問機関
         │  └── 枢密院
   (司法)  (行政)   (立法)
  裁判所   内閣    帝国議会
         国務大臣  貴族院 衆議院
```

●第1次伊藤内閣の構成

総理	伊藤博文
外務	井上馨
内務	山県有朋
大蔵	松方正義
陸軍	大山巌
海軍	西郷従道
司法	山田顕義
文部	森有礼
農商務	谷干城
逓信	榎本武揚

流れで覚える

◆　政府は1881年，　1　により，明治23年（1890年）の国会開設を公約し，　2　を参考に天皇が制定する　3　の方針を定めて憲法制定事業に取りかかった。中心となる伊藤博文は1882年から渡欧して，ベルリン大の　4　，ウィーン大の　5　に憲法理論を学んで帰国した。

◆　帰国後，伊藤は　6　の長官となり，諸制度の整備を始めた。1884年，　7　を制定し，将来の上院（貴族院）設立の準備をした。1885年には太政官を廃止して　8　を制定し，各国務大臣がそれぞれ天皇に責任を負い，国政に参画することになった。宮中事務をとる宮内大臣と天皇を常侍輔弼する　9　は内閣外とされた（宮中・府中の別）。さらに　10　内相とドイツ人の　11　が中心となり，1888年，市制・町村制，1890年，府県制・郡制の地方制度を定めた。

◆　1886年頃から伊藤を中心に井上毅・金子堅太郎・伊東巳代治ら，そしてドイツ人顧問の　12　により，憲法草案の作成が進められた。1888年には天皇の諮問機関である　13　が設置され，天皇臨席のもと憲法草案の審議が行われた。そして，1889年2月11日，紀元節の日に　14　（明治憲法）が発布された（　15　内閣）。

◆　明治憲法は天皇主権で，天皇は憲法の条規にしたがい統治権を総攬した（立憲君主制）。そして，緊急勅令の発令権や陸海軍の指揮権である　16　，条約締結，宣戦・講和など，議会が関与できない　17　を持ち，内閣の輔弼により行使した。法案・予算案を審議する帝国議会は皇族・華族と勅任議員で構成される　18　と，公選議員で構成される　19　の二院制で，後者には予算の先議権があった。　19　の選挙権を持つのは，25歳以上の男子で直接国税　20　円以上の納入者であった。また，　21　により，皇位継承，摂政の制などが定められた。

◆　明治初年から，条約改正のための必要もあり，諸法典の整備が進められた。1870年の　22　，1873年の改定律例に続き，1880年にはフランス人の　23　により，刑法と治罪法が制定された。1890年には　23　により民法も制定されたが，法学者　24　が日本の家族制度に合わないと批判したため施行は延期され，ドイツ流の戸主権の強いものに修正され，1896・98年の2回に分けて公布された。

❖❖❖ 時代をつかむ

● 初期議会

議会	首相	事項
	黒田 清隆	衆議院議員選挙法公布（1889） [超然主義]…政府の政策は政党の意向に左右されない
第1議会	山県 有朋	第1回総選挙（1890）…民党（旧民権派）が過半数
		山県首相は軍事費の拡大を要求 民党側は「[民力休養]・[政費節減]」を主張して反発
第2議会	松方 正義	民党と対立➡[樺山資紀] 海相の蛮勇演説➡衆議院解散
		第2回総選挙（1892）…[品川弥二郎] 内相の選挙干渉，民党優勢
第4議会	伊藤 博文	元勲内閣，和衷協同の詔書により海軍の軍備拡張に成功
第5議会		政府と自由党の接近 [対外硬派連合]…立憲改進党中心に条約改正問題を攻撃
第6議会		日清戦争勃発により政争中止

● 条約改正の過程…領事裁判権撤廃（法権回復），関税自主権回復（税権回復）中心

担当者	首相	交渉内容	関連事件
岩倉具視		[岩倉使節団]（1871～73） 　条約改正の予備交渉	
寺島宗則		税権回復中心，アメリカの賛成 ドイツ・イギリスの反対→失敗	
[井上馨]	伊藤	欧化主義…[鹿鳴館] 建設 法権回復をねらう 条件…外国人判事の任用 　　　内地雑居など 　　　欧米並みの法典編纂	ノルマントン号事件（1886） 国内の反発 ボアソナード・谷干城 [三大事件建白運動]（1887）
大隈重信	黒田	井上案の踏襲 外国人判事の任用は大審院のみ	玄洋社員の大隈重信襲撃 ➡大隈辞職
青木周蔵	山県	ロシアの東アジア進出	[大津事件]（1891）
	松方	➡イギリスが好意的	➡青木は引責辞任
[陸奥宗光]	伊藤	日英通商航海条約調印（1894） ➡法権回復に成功	日清戦争（1894）
[小村寿太郎]	桂	日米通商航海条約調印（1911） ➡税権回復に成功	

∴∴∴∴ 流れで覚える

◆　憲法と同時に衆議院議員選挙法が公布され，直接国税15円以上を納める25歳以上の男子に選挙権が与えられた。憲法発布の翌日，　1　首相は，政府は政党に左右されないという　2　の立場を表明した。その中で行われた第1回総選挙では，立憲自由党・立憲改進党の民党が過半数を占めた。第1議会が開かれると，第1次　3　内閣は「主権線（国境）・利益線（朝鮮半島）」の防衛のため軍備拡張を唱えた。それに対し，民党が「　4　・　5　」を唱えて予算を大幅に削減したため，内閣は立憲自由党の一部を切り崩して予算を成立させた。第2議会では第1次　6　内閣が民党と対立して衆議院を解散した。1892年の第2回総選挙では　7　内務大臣が選挙干渉を行ったが，民党の優勢は変わらず，第3議会終了後に内閣は総辞職した。

◆　元勲内閣といわれた第2次　8　内閣は，第4議会で天皇の詔書（　9　）を利用して軍備拡張に成功した。第5・6議会になると自由党が政府に接近し，立憲改進党などは対外硬派連合を結成して条約改正問題で政府を攻撃したが，日清戦争が勃発して政争は中断した。

◆　旧幕府が結んだ条約の　10　容認・　11　欠如などの不平等条項の改正は，明治政府の重要な課題であった。1871年には右大臣　12　を大使とする使節団が派遣され，1876年から外務卿となった　13　が関税自主権の回復を進めたが失敗した。

◆　　14　外務卿（のち外相）は，　15　を建設して欧化主義をとり，外国人判事任用，内地雑居容認などを条件に法権回復をめざした。しかし，　16　事件で日本人が見殺しにされたこともあり，国内ではボアソナード，農商務相谷干城の反対や民権派の　17　が起こり，　14　は辞職した。後を受けた　18　は　14　案を踏襲して交渉を進めたが，　19　員の襲撃を受けて辞職した。

◆　　20　外相の頃には，シベリア鉄道を計画するロシアの東アジア進出を警戒するイギリスが好意的な態度であったが，警察官が来日中のロシア皇太子を襲撃する　21　が起こり，　20　は引責辞任した。その後，第2次伊藤博文内閣の　22　外相が日清戦争直前，日英通商航海条約に調印して法権回復に成功した。日露戦争後には，第2次桂太郎内閣の　23　外相が日米通商航海条約に調印して税権回復に成功した。

重要用語チェック

1　黒田清隆

2　超然主義

3　山県有朋

4・5　民力休養・
　　　政費節減

6　松方正義

7　品川弥二郎

8　伊藤博文

9　和衷協同の詔書

10　領事裁判権

11　関税自主権

12　岩倉具視

13　寺島宗則

14　井上馨

15　鹿鳴館

16　ノルマントン号

17　三大事件建白運動

18　大隈重信

19　玄洋社

20　青木周蔵

21　大津事件

22　陸奥宗光

23　小村寿太郎

原始　古墳　飛鳥　奈良　平安　鎌倉　室町　安土桃山　江戸　明治　大正　昭和　平成

❖❖ 時代をつかむ

●朝鮮問題と日清戦争

	年	事項
1880年代 朝鮮問題	1882	壬午軍乱（壬午事変）➡済物浦条約（日朝間）
	1884	［甲申事変］…朝鮮の内乱に日清両国が介入
	1885	［天津条約］…日清間，朝鮮からの撤兵，出兵の相互通告
	1889	防穀令事件（～93）
1890年代 日清戦争	1894	［甲午農民戦争（東学（党）の乱）］…朝鮮農民の反乱➡日清出兵 日英通商航海条約に調印 日清戦争勃発…第2次伊藤内閣，陸奥宗光外相
	1895	［下関条約］に調印…日清の講和 台湾征服戦争…台湾の植民地化 台湾総督府設置…初代総督樺山資紀

●日清戦争後の議会…対ロシアへの軍備拡張と，政府・政党の協調

第2次［伊藤］	［自由党］と提携，［板垣退助］内務大臣
第2次［松方］	［進歩党］と提携，［大隈重信］外務大臣
第3次［伊藤］	地租増徴案提出➡自由・進歩両党の反発➡［憲政党］の結成
第1次［大隈］	初の政党内閣，憲政党与党，大隈外相兼任・板垣内相（隈板内閣） ［尾崎行雄］文相の共和演説事件➡憲政党分裂➡総辞職
第2次［山県］	地租増徴案可決（1898）…地租を2.5%から［3.3］%へ引き上げ ［文官任用令］改正（1899）…政党員が官僚に進出するのを防ぐ ［軍部大臣現役武官制］（1900）…陸海軍大臣は現役の大将・中将のみ ［治安警察法］（1900）…労働運動や社会主義の弾圧 選挙法改正（1900）…納税資格を15円から［10円］へ ［立憲政友会］結成（1900）…伊藤博文に憲政党が合流
第4次伊藤	［立憲政友会］与党，貴族院の反発で退陣➡桂園時代へ

▶政党の変遷①

116

:::•• 流れで覚える

重要用語チェック

◆　<u>日朝修好条規</u>(江華条約)締結以降，朝鮮では親日派の閔氏一族が台頭し，反発した攘夷派の　**1**　を支持する軍隊が1882年，反乱を起こして日本公使館を包囲したが失敗した(　**2**　)。その後，日朝間で　**3**　が結ばれ，<u>閔氏</u>一族は親清派に転換した(<u>事大党</u>)。これに対して　**4**　ら親日改革派(<u>独立党</u>)は，1884年，<u>清仏戦争</u>で清国が敗北したのを機に日本公使館の援助でクーデタを起こしたが，清国軍の来援で失敗した(　**5**　)。これにより悪化した日清関係を調整するため，1885年，　**6**　が結ばれ，朝鮮からの撤兵や出兵の際の相互通告が定められた。

◆　1889年，朝鮮が大豆や米の対日輸出を禁止する　**7**　を出したため，日本は朝鮮政府との対立を強めた。1894年には，朝鮮で<u>東学</u>を中心とする農民の反乱である　**8**　が起こり，日清両国が朝鮮に出兵し，その後，朝鮮の改革をめぐる対立から<u>日清戦争</u>が始まった。

◆　<u>日清戦争</u>は日本の勝利に終わり，1895年，首相　**9**　・外相　**10**　と清国全権　**11**　との間で　**12**　が結ばれ，清国は(1)朝鮮の独立，(2)　**13**　・台湾・<u>澎湖諸島</u>の割譲，(3)賠償金2億両の日本への支払い，(4)新たに沙市・重慶・蘇州・杭州の4港を開くことを認めた。その後，日本は軍隊を派遣して，台湾を植民地化し，初代の総督として　**14**　を任命した。

◆　日清戦争後，軍備拡張をめざす政府は衆議院で多数を占める政党を無視できなくなった。第2次　**9**　内閣は　**15**　と提携し，続く第2次<u>松方正義</u>内閣は　**16**　と提携した。第3次　**9**　内閣が地租増徴案を提出すると，これに反発した**15**・**16**両党は否決し，その後，合同して　**17**　を結成した。そのため，　**9**　は退陣し，　**17**　を与党とする初の政党内閣である第1次　**18**　内閣が成立したが，<u>尾崎行雄</u>文相の共和演説事件をきっかけに党が分裂し，4ヶ月で総辞職した。

◆　第2次　**19**　内閣は，懸案であった地租増徴案を可決し，政党の官界進出をおさえるため，　**20**　を改正したり，陸海軍大臣の任用資格について　**21**　を定めたりした。さらに，選挙資格を直接国税　**22**　円以上納入者とし，社会運動をおさえるため，　**23**　を制定するなどした。一方で議会運営のため，政府系の政党が必要だと考えた　**9**　は，1900年，　**24**　を結成した。

1 大院君
（テウォングン）

2 壬午軍乱
（壬午事変）

3 済物浦条約

4 金玉均
（キムオッキュン）

5 甲申事変

6 天津条約

7 防穀令

8 甲午農民戦争

9 伊藤博文

10 陸奥宗光

11 李鴻章

12 下関条約

13 遼東半島

14 樺山資紀

15 自由党

16 進歩党

17 憲政党

18 大隈重信

19 山県有朋

20 文官任用令

21 軍部大臣現役武官制

22 10円

23 治安警察法

24 立憲政友会

原始

古墳

飛鳥

奈良

平安

鎌倉

室町

安土桃山

江戸

明治

大正

昭和

平成

日露戦争

❖❖ 時代をつかむ

●日露対立から日露戦争へ

内閣	年	日本の動き	朝鮮・清国情勢
伊藤 （第2次）	1895	[三国干渉]（露・独・仏） 閔妃殺害事件	
	1896		ロシア，東清鉄道敷設権を獲得
		山県・ロバノフ協定	
松方（第2次）	1897		朝鮮，国号を[大韓帝国]へ
伊藤 （第3次）	1898	西・ローゼン協定	ドイツ，膠州湾租借 ロシア，旅順・大連租借 イギリス，九龍半島租借
大隈（第1次）	1898		イギリス，威海衛租借
山県 （第2次）	1899		清国各地で義和団の蜂起 ジョン=ヘイの門戸開放宣言 フランス，広州湾租借
	1900	[北清事変]勃発　◀──────	義和団の乱拡大
桂 （第1次）	1901	北京議定書	ロシアが満洲を事実上占領
	1902	[日英同盟（協約）]の締結　◀──	
	1904	[日露戦争]勃発	
	1905	[ポーツマス条約]締結 日比谷焼打ち事件	

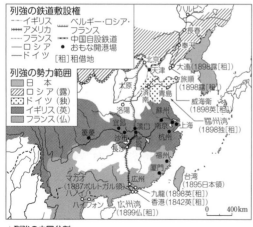

▲列強の中国分割

▲日露戦争要図

:::::: **流れで覚える**

◆　日清戦争後，<u>ロシア・ドイツ・フランス</u>は　__1__　により日本に
遼東半島の返還を要求した。それを受諾した日本では「　__2__　」
を合言葉に反露感情が高まった。朝鮮ではロシアと接近しようと
した<u>閔妃</u>を朝鮮公使　__3__　が暗殺する事件が起こった。その後，
朝鮮は1897年に国号を　__4__　としてロシアとの関係を強めた。

◆　ロシアは　__5__　敷設権や<u>旅順・大連</u>の租借権を獲得し，ド
イツは山東半島の　__6__　を租借するなど列強による中国分割が進
み，アメリカの国務長官　__7__　は領土保全・門戸開放・機会均
等を唱えた。それらの動きに対して清国では「<u>扶清滅洋</u>」を唱え
る宗教団体　__8__　が反乱を起こした。1900年，清国政府は列
国に宣戦布告をしたが列国に鎮圧され（　__9__　），翌年，　__10__
を締結して列国の守備隊の駐屯を認めた。この間にロシアは満洲
を事実上占領した。

◆　ロシアの東アジア進出に危機感を持った日本は，韓国の権益を
確保するため，ロシアと「<u>満韓交換</u>」の交渉を進める方針をとっ
ていた。しかし交渉が難航すると，イギリスとの関係を強化する
対露強硬方針をとり，1902年，第1次桂内閣は　__11__　を締結
した。国内では，キリスト教徒の　__12__　や，　__13__　を設立し
た社会主義者の<u>幸徳秋水</u>や<u>堺利彦</u>らのように戦争に反対する者も
いたが，戸水寛人ら　__14__　や，近衛篤麿を中心とする　__15__
などが開戦論を唱え，次第に世論は開戦に傾いていった。開戦後，
歌人の　__16__　は反戦詩「<u>君死にたまふこと勿れ</u>」を『<u>明星</u>』に
発表した。

◆　1904年，ロシアとの交渉は決裂して<u>日露戦争</u>が始まった。日
本海海戦で司令長官<u>東郷平八郎</u>率いる連合艦隊が，ロシアの
　__17__　艦隊を撃破するなど，戦局は日本有利に展開したが，日
露両国とも戦争継続が困難な状況が生じ，アメリカ大統領
　__18__　の斡旋で講和会議が開かれた。

◆　1905年，日本全権　__19__　外相とロシア全権　__20__　は，講
和条約として　__21__　に調印した。その結果，ロシアは(1)日本の
　__22__　指導・監督権を認め，(2)清国からの　__23__　の租借権，
長春以南の鉄道とその付属利権を日本に譲渡し，さらに(3)<u>北緯
50度</u>以南の　__24__　などの譲渡と，(4)沿海州・カムチャツカの漁
業権を日本に認めた。しかし，賠償金の支払いをロシアが認めな
かったため，講和条約に不満を爆発させた国民により，　__25__
が起こった。

原始　古墳　飛鳥　奈良　平安　鎌倉　室町　安土桃山　江戸　**明治**　大正　昭和　平成

119

❖❖❖ 時代をつかむ

●日本の大陸進出と欧米諸国の動向

内閣	年	日本の大陸進出	列強・清国の動向
桂 （第1次）	1904		日露戦争
		日韓議定書 第1次日韓協約	
	1905		桂・タフト協定（米） 第2次日英同盟 ［ポーツマス条約］（露）
		第2次日韓協約 （韓国保護条約）	桂・ハリマン協定（米）
西園寺 （第1次）	1906	［関東都督府］設置（清） ［南満洲鉄道株式会社（満鉄）］設立（清）	日本人移民排斥運動の激化（米）
	1907	ハーグ密使事件 第3次日韓協約	第2回万国平和会議 第1次日露協約
桂 （第2次）	1908	東洋拓殖会社設立（韓）	
	1909	伊藤博文暗殺…安重根（韓） （アンジュングン）	ノックスの満鉄中立化案（米）
	1910	［韓国併合条約］締結 朝鮮で土地調査事業	第2次日露協約
	1911		日米通商航海条約改正 第3次日英同盟
西園寺 （第2次）	1911		辛亥革命
	1912		［中華民国］建国→清朝滅亡 第3次日露協約

●列強との関係

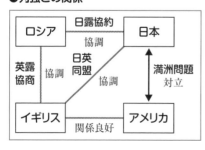

▲関東州

∴∵∴ 流れで覚える

◆　日露戦争後，日本は旅順・大連と付属地域を　[1]　とし，1906年にはそれを統治する　[2]　が旅順に置かれた。同年，半官半民の国策会社である　[3]　が大連に設立され，初代の総裁には　[4]　が就任した。[3]　は，ロシアから譲り受けた長春以南の鉄道に加えて，鉱山なども経営した。

◆　韓国への侵略は日露戦争中から進められた。1904年，[5]　に続いて日本政府が推薦する財政・外交顧問の採用を認める第1次日韓協約が結ばれた。その後，日本はアメリカと　[6]，イギリスと第2次　[7]　を結び，アメリカのフィリピン統治，イギリスのインド支配を容認するかわりに，日本の韓国保護国化を承認させた。一方，ロシアは　[8]　で日本の韓国に対する政治・経済などの優越権を認めた。それにより日本は1905年，第2次日韓協約を結び，韓国を保護国化して外交権を奪い，漢城(ハンソン)に　[9]　を置いて初代統監に　[10]　を任命した。

◆　日本の侵略に対して韓国の皇帝は，1907年，オランダの　[11]　で行われていた万国平和会議に密使を派遣して抗議したが失敗した。これを機に日本は韓国の皇帝を退位させ，第3次日韓協約を結んで，内政権を奪うとともに軍隊を解散した。韓国では元兵士たちの反日運動である　[12]　が激しくなった。

◆　1909年，[13]　によってハルビン駅で　[10]　が殺害された。翌年，3代目の統監　[14]　と李完用の間で　[15]　を締結して韓国を植民地化した。統治機関の　[16]　を設置し，初代総督には　[14]　が任命された。1910年から土地調査事業が進められ，所有権が不明確な土地は国策会社の　[17]　や日本人地主などに払い下げられ，朝鮮の農民から土地を奪った。

◆　日露戦争後，中国の門戸開放を主張するアメリカは日本の南満洲権益の独占を批判した。鉄道王　[18]　が日本に満鉄の共同経営を提案したが，日本は拒否し，アメリカでは日本人移民排斥運動が起こるなど，関係は悪化した。そのため，イギリスとは　[7]　を改定し，ロシアとは満蒙権益擁護のため，4次にわたる　[19]　を締結した。中国では1911年，[20]　を中心に　[21]　が起こり，清朝が倒れて中華民国が成立した。

重要用語チェック

1　関東州
2　関東都督府
3　南満洲鉄道株式会社（満鉄）
4　後藤新平

5　日韓議定書
6　桂・タフト協定
7　日英同盟
8　ポーツマス条約
9　統監府
10　伊藤博文

11　ハーグ
12　義兵運動

13　安重根
14　寺内正毅
15　韓国併合条約
16　朝鮮総督府
17　東洋拓殖会社

18　ハリマン
19　日露協約
20　孫文
21　辛亥革命

原始
古墳
飛鳥
奈良
平安
鎌倉
室町
安土桃山
江戸
明治
大正
昭和
平成

産業革命

◆ 時代をつかむ

●繊維産業の発達

	綿紡績業	綿織物業	製糸業
	[綿花]→綿糸	綿糸→綿布	[繭]→生糸
1870年代	[ガラ紡]による生産	輸入綿糸で生産	[富岡製糸場]の設立(1872)
1880年代	[大阪紡績会社]の設立(1882)		
1890年代	生産量が輸入量を上回る(1890) 輸出量が輸入量を上回る(1897)	豊田佐吉の力織機(1897)	[器械]製糸の生産量が座繰製糸の生産量を上回る(1890年代半ば)
1900年代		輸出額が輸入額を上回る(1909)	輸出国で世界1位(1909)

●重工業の発達

鉄道業	[日本鉄道会社]の設立(1881)…初の私鉄,華族の出資 **東海道線全通**(1889)…官営,東京・神戸間 ※ 営業キロ数で民営鉄道が官営鉄道を上回る(1889) 上野・青森間開通(1891)…日本鉄道会社による [鉄道国有法]の制定(1906)…私鉄17社の買収,大部分の鉄道は国有化
鉄鋼業	官営[八幡製鉄所]の設立(1897・操業開始は1901) …**ドイツ**の技術・中国**大冶鉄山**の鉄鉱石・**筑豊炭田**の石炭 [日本製鋼所]の設立(1907)…室蘭,民間の製鋼会社
その他	造船業:三菱の[長崎造船所]…技術では世界水準へ 機械工業:**池貝鉄工所**…アメリカ式旋盤の製作

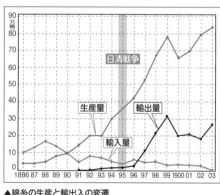

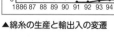

▲綿糸の生産と輸出入の変遷

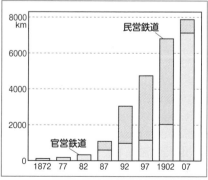

▲鉄道の営業キロ数

•••••• 流れで覚える

◆　1880年代後半には，紡績・鉄道を中心に**会社設立ブーム**がおこり，本格的な機械技術の導入が進んで**産業革命**が始まった。政府は金融・貿易において制度面での整備を進めた。1897年には　**1**　を制定して**金本位制**を確立して為替相場の安定をはかった。特殊銀行の　**2**　は貿易金融を行った。また，海運奨励策を進め，　**3**　がボンベイ航路などを開き，1896年には**造船奨励法・航海奨励法**が出された。

◆　綿産業は幕末に停滞したが，**綿花**から綿糸を生産する　**4**　では，1870年代に**臥雲辰致**が　**5**　を発明したこともあり，国産化の動きが進んだ。1882年には，第一国立銀行頭取　**6**　の呼びかけで　**7**　が設立され，欧米から輸入した**蒸気機関**に，輸入の綿花を用いて生産を開始した。原料の綿花は当初，**中国**から輸入していたが，1890年代には**インド**が中心となった。この成功で大規模な紡績会社の設立が進んだ。その結果，　**8**　年には綿糸の生産量が輸入量を上回り，日清戦争後の　**9**　年には輸出量が輸入量を上回った。また，綿糸から綿布を生産する**綿織物業**では，1897年，　**10**　が考案した力織機の使用が農村を中心に広がるなど生産が拡大し，中国向けの輸出が増加した。その結果，1909年には綿布の輸出額が輸入額を上回った。

◆　**繭**から生糸を生産する　**11**　は，幕末以来，最大の輸出産業であった。1872年に官営模範工場として群馬県に　**12**　が設立され，　**13**　の技術を導入した。当初は手動の　**14**　が普及したが，輸入機械に学んで国産化した　**15**　が長野・山梨で普及しはじめ，1890年代半ばには　**15**　が　**14**　の生産量を上回り，　**16**　向けの輸出品として成長した。

◆　鉄道業では，1881年に華族の出資で，初の民営鉄道である　**17**　が設立され，1889年には官営鉄道により，　**18**　線が全通し，営業キロ数で民営鉄道が官営鉄道を上回った。しかし，1906年，第1次**西園寺公望**内閣は　**19**　を公布して私鉄17社を買収し，国有化した。

◆　軍備に欠かせない製鉄業では，背後に**筑豊炭田**をひかえる北九州に1897年，官営　**20**　が設立され，民間でも室蘭に　**21**　などが設立された。しかし鉄の大部分は輸入に頼っていた。機械工業では，　**22**　がアメリカ式旋盤の製作に成功し，**三菱長崎造船所**では世界水準の技術に達した。

重要用語チェック

1　貨幣法
2　横浜正金銀行
3　日本郵船会社

4　綿紡績業
5　ガラ紡
6　渋沢栄一
7　大阪紡績会社
8　1890
9　1897
10　豊田佐吉

11　製糸業
12　富岡製糸場
13　フランス
14　座繰製糸
15　器械製糸
16　アメリカ

17　日本鉄道会社
18　東海道
19　鉄道国有法

20　八幡製鉄所
21　日本製鋼所
22　池貝鉄工所

原始
古墳
飛鳥
奈良
平安
鎌倉
室町
安土桃山
江戸
明治
大正
昭和
平成

 時代をつかむ

●財閥の形成

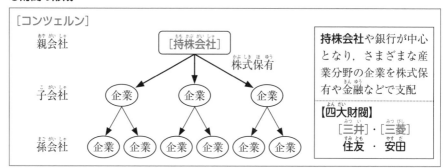

［コンツェルン］

親会社 ［持株会社］

株式保有

子会社 企業　企業　企業

孫会社 企業　企業　企業　企業　企業　企業

持株会社や銀行が中心となり，さまざまな産業分野の企業を株式保有や金融などで支配

【四大財閥】
［三井］・［三菱］
住友 ・ 安田

●明治期の社会問題

年	事項
1886	甲府**雨宮製糸のストライキ**…日本初
1888	**高島炭鉱問題**（長崎県）…雑誌『**日本人**』が坑夫の惨状を報道
1891	［**足尾鉱毒事件**］（栃木県）の発生➡衆議院議員**田中正造**の直訴（1901）
1894	大阪**天満紡績の女工ストライキ**
1897	**職工義友会**の結成…高野房太郎ら
	［**労働組合期成会**］の結成…**高野房太郎・片山潜**ら
	鉄工組合の結成
1898	日本鉄道矯正会の結成
	社会主義研究会の発足
1899	［**横山源之助**］著『**日本之下層社会**』刊行
1900	社会主義協会の設立
	［**治安警察法**］の公布（第2次山県有朋内閣）…社会運動の弾圧
1901	［**社会民主党**］の結成…初の社会主義政党，結成直後に禁止
1903	**農商務省**編『［**職工事情**］』刊行
	［**平民社**］の結成…**幸徳秋水**・**堺利彦**ら，『**平民新聞**』発刊
1906	［**日本社会党**］の結成…合法社会主義政党，翌年禁止（第1次西園寺公望内閣）
1908	**赤旗事件**…社会主義者の弾圧
1910	［**大逆事件**］（第2次桂太郎内閣）…**幸徳秋水**ら社会主義者を死刑
1911	［**工場法**］の公布（第2次桂太郎内閣）…初の労働者保護法（1916年に施行）
	警視庁に**特別高等課**（**特高**）を設置

⋯⋯ 流れで覚える

◆ **三井・三菱**などは，金融・貿易・運輸・鉱山業などを中心に多角経営を進め，日露戦争後には｜ 1 ｜を中心に，株式保有を通じてさまざまな分野の企業を支配する｜ 2 ｜形態を整え，**財閥**化していった。一方，農村では米作を主とする零細経営が中心であったが，生糸輸出の増加に刺激され，原料を生産する｜ 3 ｜が盛んになった。1880年代の松方財政以降，農村では階層分化が進み，土地を集積した地主の中には耕作から離れて小作料収入に依存する｜ 4 ｜となるものが現れ，没落した小作農家は子女を繊維工場に出稼ぎに出すなどして家計を補った。

◆ 産業革命の進展により，繊維産業に従事する出稼ぎ女工を中心に労働者が増加し，低賃金・長時間労働などの待遇が問題となった。こうした実態を示すものとして，雑誌『**日本人**』に取り上げられた三菱｜ 5 ｜の坑夫虐待や，**横山源之助**の『｜ 6 ｜』，農商務省が編集した『｜ 7 ｜』などがある。一方で，政商｜ 8 ｜が経営する｜ 9 ｜から**渡良瀬川**へ鉱毒が流れ，付近の住民が被害を受けたが政府は対策を取らず，衆議院議員の｜ 10 ｜が天皇に直訴をこころみた事件もあった。

◆ 日清戦争前後には，甲府の**雨宮製糸**や，大阪の**天満紡績**などで女工のストが起こった。1897年には，アメリカ帰りの｜ 11 ｜・**片山潜**らが｜ 12 ｜を母体として｜ 13 ｜を結成して労働組合結成の指導にあたり，鉄工組合・日本鉄道矯正会などが組織された。こうした運動の発生に対して，政府は1900年，｜ 14 ｜内閣が｜ 15 ｜を制定して弾圧する一方で，1911年には｜ 16 ｜内閣が初の労働者保護法である｜ 17 ｜を制定した。しかし，従業員15人以上を使用する工場にしか適用されず，資本家の反対で施行は1916年になった。

◆ 労働運動の展開とともに社会主義も広がった。｜ 18 ｜らは1901年，初の社会主義政党である｜ 19 ｜を結成したが，結成直後に解散を命じられた。｜ 18 ｜らは，日露戦争の危機がせまった1903年には｜ 20 ｜を結成し，戦争に反対するとともに社会主義を宣伝した。その後，1906年には｜ 21 ｜が結成され，｜ 22 ｜内閣は当初，公認したが，翌年，解散を命じた。｜ 16 ｜内閣は，1910年，天皇暗殺計画を企てたとして｜ 18 ｜ら12名を死刑にする｜ 23 ｜を起こし，警視庁に思想警察である｜ 24 ｜を設置した。この後，社会主義は「｜ 25 ｜」となった。

重要用語チェック

1 持株会社
2 コンツェルン
3 養蚕業
4 寄生地主

5 高島炭鉱
6 日本之下層社会
7 職工事情
8 古河市兵衛
9 足尾銅山
10 田中正造

11 高野房太郎
12 職工義友会
13 労働組合期成会
14 第2次山県有朋内閣
15 治安警察法
16 第2次桂太郎内閣
17 工場法

18 幸徳秋水
19 社会民主党
20 平民社
21 日本社会党
22 第1次西園寺公望内閣
23 大逆事件
24 特別高等課（特高）
25 冬の時代

原始　古墳　飛鳥　奈良　平安　鎌倉　室町　安土桃山　江戸　明治　大正　昭和　平成

🔶 時代をつかむ

思想	▶ 1870年代：西洋思想の導入による国民教化をはかる（啓蒙思想） 功利主義（イギリス）…福沢諭吉・中村正直 ［天賦人権の思想］（フランス）…中江兆民・植木枝盛➡自由民権運動に影響 ［明六社］（1873）…社長＝森有礼，『［明六雑誌］』発行 ▶ 1880～90年代：国権論台頭，条約改正問題から日清戦争 平民主義…［徳富蘇峰］・民友社，雑誌『国民之友』 国粋主義…［三宅雪嶺］・政教社，雑誌『日本人』 国民主義…［陸羯南］，新聞『日本』 日本主義…［高山樗牛］，雑誌『太陽』 ▶ 1900年代：日露戦争後，［戊申詔書］（1908）…勤倹節約など，政府の引き締め
宗教	▶ キリスト教：［五榜の掲示］（1868）で禁止➡キリスト教禁止の高札撤廃（1873） ▶ 神道国教化：［神仏分離令］（1868）➡廃仏毀釈運動，大教宣布の詔（1870） 教派神道の公認…［天理教］・金光教・黒住教など ▶ 仏教の復興：浄土真宗の［島地黙雷］，神道国教化に反発
教育	文部省設置（1871）➡［学制］（1872）…国民皆学の理念，フランス式学区制 ［教育令］（1879）…アメリカ式，地方分権的➡翌年改正 ［学校令］（1886）…初代文相森有礼，国家主義的，義務教育3～4年 ［教育に関する勅語（教育勅語）］（1890）…井上毅・元田永孚，忠君愛国の理念 国定教科書制度（1903）…小学校教科書は文部省著作 小学校令改正（1907）…義務教育6年➡就学率98％（1910）

人物	著作
［福沢諭吉］	『学問のすゝめ』 『文明論之概略』
［中村正直］	『自由之理』 『西国立志編』
［中江兆民］	『民約訳解』
植木枝盛	『民権自由論』
加藤弘之	『人権新説』
［田口卯吉］	『日本開化小史』
［久米邦武］	「神道は祭天の古俗」

▲思想・人文科学

分野	学者	業績など
医学	［北里柴三郎］	ペスト菌発見
	［志賀潔］	赤痢菌発見
薬学	［高峰譲吉］	タカジアスターゼ創製
	［鈴木梅太郎］	オリザニンの抽出
物理学	田中館愛橘	地磁気の測定
	［長岡半太郎］	原子模型の理論を発表
地震学	大森房吉	大森式地震計を発明
天文学	［木村栄］	緯度変化のZ項を発見
植物学	牧野富太郎	植物分類学に貢献

▲自然科学

流れで覚える

◆　明治初期，国民の啓蒙が重視され，西洋思想が流行した。その中心は　**1**　を社長とする　**2**　であり，『学問のすゝめ』『文明論之概略』などを著した　**3**　や，『自由之理』『西国立志編』などを著した　**4**　らがいた。また，自由民権運動の背景となったフランスの　**5**　の思想も唱えられ，　**6**　はルソーの『社会契約論』を『民約訳解』として訳述し，　**7**　は『民権自由論』を著した。

◆　キリスト教は当初，　**8**　により禁止された。政府は神道の国教化を進め，1868年には　**9**　を出して神仏習合を禁止し，翌年，神祇官を設置した。その結果，仏教を排撃する　**10**　が各地で起こった。浄土真宗の僧　**11**　は信教の自由の立場から神道国教化を批判し，仏教の革新運動を進めた。また，欧米諸国からの抗議で1873年にはキリシタン禁制の高札が撤廃された。こうして政府は神道国教化に失敗し，大日本帝国憲法により条件付きで信教の自由を認めた。天理教・金光教・黒住教などは教派神道として公認された。

◆　明治中期になると，条約改正や日清対立を背景として国権論が台頭した。民友社の　**12**　は雑誌『　**13**　』を刊行し，平民主義を唱えた。それに対して，雑誌『　**14**　』を刊行する政教社の　**15**　は国粋主義を，新聞『日本』を刊行する　**16**　は国民主義を唱え，日本の伝統文化を重視する立場をとった。日清戦争後には対外膨張論を強調する日本主義を唱えた　**17**　が雑誌『　**18**　』を刊行した。しかし，日露戦争後は個人主義的風潮が広まり，政府は1908年，　**19**　を発して国民道徳の強化に努めた。

◆　富国強兵のために国民教育の充実は重要であった。1872年，国民皆学をめざして　**20**　が出された。1879年には，アメリカを参考にした　**21**　が出されたが，混乱したため翌年改正された。1886年には，初代文相　**1**　のもとで　**22**　が制定され，　**23**　を頂点に小学校までの学校体系が整備され，義務教育制度が整えられた。1890年には教育理念として忠君愛国を強調する　**24**　が出され，教育は国家主義へと傾斜していった。キリスト教徒の　**25**　は　**24**　に拝礼せず問題となった。さらに1903年には小学校の教科書が　**26**　制となり，1907年には小学校令が改正されて義務教育は6年となった。

1	森有礼
2	明六社
3	福沢諭吉
4	中村正直
5	天賦人権
6	中江兆民
7	植木枝盛
8	五榜の掲示
9	神仏分離令
10	廃仏毀釈
11	島地黙雷
12	徳富蘇峰
13	国民之友
14	日本人
15	三宅雪嶺
16	陸羯南
17	高山樗牛
18	太陽
19	戊申詔書
20	学制
21	教育令
22	学校令
23	帝国大学
24	教育に関する勅語（教育勅語）
25	内村鑑三
26	国定制

原始　古墳　飛鳥　奈良　平安　鎌倉　室町　安土桃山　江戸　**明治**　大正　昭和　平成

時代をつかむ

<table>
<tr><td rowspan="8">文学</td><td>[戯作文学]</td><td>江戸時代の文学</td><td>仮名垣魯文</td></tr>
<tr><td>政治小説</td><td>民権運動の宣伝</td><td>矢野龍溪・東海散士</td></tr>
<tr><td rowspan="2">[写実主義]</td><td>近代文学の誕生
言文一致体</td><td>坪内逍遙・二葉亭四迷
硯友社…雑誌『我楽多文庫』, 尾崎紅葉ら</td></tr>
<tr><td></td><td>理想主義…幸田露伴</td></tr>
<tr><td rowspan="2">[ロマン主義]</td><td rowspan="2">自我・個性の
尊重</td><td>雑誌『文学界』, 北村透谷（評論）
森鷗外・樋口一葉・島崎藤村</td></tr>
<tr><td>雑誌『明星』（詩歌）, 与謝野晶子
正岡子規…短歌・俳句の革新運動</td></tr>
<tr><td>[自然主義]</td><td>暗い社会を反映</td><td>島崎藤村・田山花袋・国木田独歩</td></tr>
<tr><td>反自然主義</td><td>（高踏派・知性派）</td><td>[夏目漱石]・[森鷗外]</td></tr>
<tr><td rowspan="5">美術</td><td>西洋画</td><td colspan="2">[工部美術学校]（1876）…講師フォンタネージ（伊）ら
[明治美術会]（1889）…浅井忠（「収穫」）
[白馬会]（1896）…黒田清輝（「湖畔」「読書」）, 青木繁（「海の幸」）</td></tr>
<tr><td>日本画</td><td colspan="2">[東京美術学校]（1887）…校長岡倉天心, [フェノロサ]（米）の尽力,
　橋本雅邦（「竜虎図」）, 狩野芳崖（「悲母観音」）
日本美術院（1898）…岡倉天心・橋本雅邦ら</td></tr>
<tr><td>彫　刻</td><td colspan="2">高村光雲（「老猿」〔木彫〕）, 荻原守衛（「女」〔青銅〕）</td></tr>
<tr><td>建　築</td><td colspan="2">[コンドル]〔英〕（ニコライ堂）, 辰野金吾・片山東熊</td></tr>
<tr><td rowspan="3">演劇</td><td>歌舞伎</td><td colspan="2">河竹黙阿弥の開化劇, 団菊左時代</td></tr>
<tr><td>新派劇</td><td colspan="2">[川上音二郎]（オッペケペー節）の壮士芝居より発展</td></tr>
<tr><td>新　劇</td><td colspan="2">[文芸協会]（1906）…坪内逍遙・島村抱月・松井須磨子ら
[自由劇場]（1909）…[小山内薫]・2代目市川左団次</td></tr>
</table>

人物	作品	人物	作品	人物	作品
[仮名垣魯文]	『安愚楽鍋』	[幸田露伴]	『五重塔』	[島崎藤村]	『破戒』
矢野龍溪	『経国美談』	[森鷗外]	『舞姫』	国木田独歩	『武蔵野』
[坪内逍遙]	『小説神髄』	[樋口一葉]	『たけくらべ』	[田山花袋]	『蒲団』
[二葉亭四迷]	『浮雲』	[与謝野晶子]	『みだれ髪』	[夏目漱石]	『吾輩は猫で
[尾崎紅葉]	『金色夜叉』	石川啄木	『一握の砂』		ある』

▲おもな文学作品

∵∴ 流れで覚える

◆　明治初期には江戸文学の伝統をひく　_____1_____　の戯作文学や，自由民権運動の宣伝を目的として矢野龍溪の『経国美談』などの政治小説が書かれた。それに対して　_____2_____　は『小説神髄』を著して西洋文学の理論を取り入れ，人情や世相をありのままに描く写実主義を提唱し，　_____3_____　は言文一致体で『浮雲』を著した。また，硯友社の　_____4_____　は『金色夜叉』を著し，理想主義的作風の　_____5_____　は『五重塔』を著した。

◆　日清戦争前後には感情・個性を尊重するロマン主義が盛んになった。　_____6_____　が主催する雑誌『　_____7_____　』では，『舞姫』を書いた　_____8_____　や，『にごりえ』などの作品がある　_____9_____　らが活躍した。また，歌人では雑誌『明星』で活躍した　_____10_____　が『みだれ髪』を著した。日露戦争前後には社会の暗い現実を写し出そうとする　_____11_____　が文壇の主流となり，　_____12_____　は『破戒』，　_____13_____　は『蒲団』，　_____14_____　は『武蔵野』などの作品を著した。それに反発したのが，『吾輩は猫である』を著した　_____15_____　や，晩年に『阿部一族』などの歴史小説を著した　_____8_____　である。

◆　はじめ政府は，イタリアの画家　_____16_____　らを招いて工部美術学校を設置し，西洋美術を教授させた。その後，国粋主義が台頭すると，アメリカ人　_____17_____　の影響のもと，日本画を中心とする　_____18_____　が設立され　_____19_____　が校長となった。「竜虎図」の　_____20_____　や，開校前に死去したが「悲母観音」の　_____21_____　が講師として招かれた。

◆　明治時代中期には，西洋画では，「収穫」を描いた　_____22_____　の明治美術会，フランス帰りで「湖畔」「読書」などを描いた　_____23_____　の白馬会，日本画では　_____19_____　らの　_____24_____　が創立された。また，政府は日本画・西洋画共通の発表の場として　_____25_____　を開催した。

◆　演劇では，歌舞伎の脚本家河竹黙阿弥が文明開化を取り入れた新作を発表した。明治中期には，9代目市川団十郎・5代目尾上菊五郎・初代市川左団次が活躍して「団菊左時代」が現出した。一方，オッペケペー節で有名な　_____26_____　の壮士芝居は新派劇へと発展していった。西洋の翻訳劇である新劇では，　_____2_____　らの　_____27_____　や，　_____28_____　の自由劇場が創立された。

重要用語チェック

1　仮名垣魯文
2　坪内逍遙
3　二葉亭四迷
4　尾崎紅葉
5　幸田露伴

6　北村透谷
7　文学界
8　森鷗外
9　樋口一葉
10　与謝野晶子
11　自然主義
12　島崎藤村
13　田山花袋
14　国木田独歩
15　夏目漱石

16　フォンタネージ
17　フェノロサ
18　東京美術学校
19　岡倉天心
20　橋本雅邦
21　狩野芳崖

22　浅井忠
23　黒田清輝
24　日本美術院
25　文部省美術展覧会
　　（文展）

26　川上音二郎
27　文芸協会
28　小山内薫

63　大正時代前期の政治・外交

❖ 時代をつかむ

●**桂園時代**　桂太郎(陸軍・長州)と西園寺公望(立憲政友会)が交互に組閣

内閣	所属	年	内政	外交
第1次 桂太郎	陸軍	1904 1905	[日比谷焼打ち事件] ➡内閣総辞職	日露戦争 ポーツマス条約 第2次日韓協約
第1次 西園寺公望	政友会	1906 1907	日本社会党結成 鉄道国有法の公布 帝国国防方針の策定	
第2次 桂太郎	陸軍	1908 1909 1910 1911	[戊申詔書]…道徳強化 地方改良運動の推進 大逆事件 帝国在郷軍人会の設立 工場法の制定	韓国併合条約 日米通商航海条約

●**第一次護憲運動と第一次世界大戦**

内閣	所属	年	内政	外交
第2次 西園寺公望	政友会	1911 1912	明治天皇崩御 陸軍2個師団増設問題 …上原勇作陸相の単独辞職 ➡内閣総辞職	辛亥革命➡清朝滅亡 中華民国建国
第3次 桂太郎	陸軍	1912 1913	[第一次護憲運動] …「閥族打破・憲政擁護」 桂は新党結成で対抗 ➡内閣総辞職	
第1次 山本権兵衛	海軍	1913 1914	立憲政友会与党 [軍部大臣現役武官制]の緩和 文官任用令再改正 [ジーメンス事件] ➡内閣総辞職	
第2次 大隈重信	同志会	1914 1915	総選挙で立憲同志会の圧勝 2個師団増設の実現	第一次世界大戦の勃発 二十一カ条の要求

流れで覚える

◆ 明治時代末期には，伊藤博文や山県有朋らが一線を退いて 　1　 として首相の推薦などに発言力を持ち，その後継者で陸軍長州閥の 　2　 と立憲政友会総裁の 　3　 が交互に組閣する桂園時代となった。この時期は日露戦争から大陸へ進出する激動の時代であった。

◆ 第2次 　3　 内閣が組閣されると，国家財政が悪化するなか，1907年に策定された 　4　 を背景に海軍は建艦計画の実現，陸軍は 　5　 を求めた。内閣が陸軍の要求を拒否すると，陸軍大臣の 　6　 は単独で辞職し，陸軍は軍部大臣現役武官制を悪用して内閣を総辞職に追い込んだ。

◆ 　3　 に代わって組閣したのが 　2　 であったが，内大臣兼侍従長から組閣したため，「宮中・府中の別」を乱すとの批判が起こり「 　7　 」をスローガンに 　8　 が始まった。先頭に立ったのは，立憲政友会の 　9　 と立憲国民党の 　10　 であった。それに対して 　2　 は新党結成を進め，元老政治からの脱却を掲げて内閣を維持しようとしたが，民衆も加わる大規模な運動に発展し，わずか53日間で辞職した（大正政変）。

◆ 　2　 辞職後，海軍薩摩閥の 　11　 が立憲政友会を与党として組閣した。　11　 は 　12　 を再改正して政党員にも高級官僚への道を開き，　13　 を改正して陸・海軍大臣の任用資格を予備役・後備役まで拡げるなど政党の影響力拡大につとめた。しかし，軍艦購入をめぐる海軍高官の汚職が発覚する 　14　 が起こり，やむなく退陣した。その後，桂太郎が結成を進めた 　15　 を与党とする第2次 　16　 内閣が成立した。1915年の総選挙では 　15　 が圧勝し，2個師団増設は議会を通過した。

◆ 欧州では，イギリスなどの 　17　 とドイツなどの 　18　 に分かれて対立していたが，それに火が付き，1914年，第一次世界大戦が勃発した。日本は第2次 　16　 内閣の 　19　 外相のもと，　20　 を口実として参戦し，ドイツ領山東省の 　21　 と南洋諸島を占領した。さらにこれを好機として中国侵略を進め，1915年，　22　 を 　23　 政権に突きつけた。その内容は，(1)山東省のドイツ権益の継承，(2)旅順・大連の租借期限と南満洲鉄道などの期限の延長，(3)日中合弁事業（漢冶萍公司）の承認などであった。日本政府は最後通牒を発して受諾させたが，欧米諸国から非難をあびた。

重要用語チェック

1 元老
2 桂太郎
3 西園寺公望

4 帝国国防方針
5 2個師団増設
6 上原勇作

7 閥族打破・憲政擁護
8 第一次護憲運動
9 尾崎行雄
10 犬養毅

11 山本権兵衛
12 文官任用令
13 軍部大臣現役武官制
14 ジーメンス事件
15 立憲同志会
16 大隈重信内閣

17 三国協商
18 三国同盟
19 加藤高明外相
20 日英同盟（協約）
21 青島
22 二十一カ条の要求
23 袁世凱

原始
古墳
飛鳥
奈良
平安
鎌倉
室町
安土桃山
江戸
明治
大正
昭和
平成

◈◈◈ 時代をつかむ

内閣	所属	年	内政	外交
[寺内正毅]	陸軍	1917		**西原借款**…段祺瑞政権へ資金貸与 [石井・ランシング協定] …日米間で中国問題を調整
		1918	[米騒動]…全国的騒擾 ➡内閣の総辞職	**シベリア出兵**の開始
[原敬]	立憲政友会	1919	四大政綱…積極政策 **選挙法改正** 直接国税 [3] 円以上 **小選挙区制**	[パリ講和会議]…大戦の講和 **ヴェルサイユ条約**の締結 **三・一独立運動**…朝鮮 **五・四運動**…中国
		1920	総選挙で政友会圧勝 **戦後恐慌**	[国際連盟] の発足…日本は常任理事国 **尼港事件**➡シベリア出兵の継続
		1921	原敬暗殺	
[高橋是清]	立憲政友会	1921		▶[ワシントン会議] の開催 **四カ国条約**
		1922		**ワシントン海軍軍縮条約** **九カ国条約**

●おもな国際条約

内閣	会議・条約		参加国	日本全権	内容
原	[ヴェルサイユ条約]		27か国	[西園寺公望] 牧野伸顕	第一次世界大戦の処理 **国際連盟**の設立(1920)
高橋	[ワシントン会議]	四カ国条約	英・米 日・仏	[加藤友三郎] 幣原喜重郎 徳川家達	太平洋の現状維持 [日英同盟(協約)] の廃棄
		九カ国条約	英・米・日 仏・中など		中国の主権尊重など [石井・ランシング協定] 廃棄
		海軍軍縮条約	英・米・日 仏・伊		**主力艦**保有量の制限 米英:日=5:3の比率 主力艦の建造禁止
	山東懸案解決条約		日・中	加藤友三郎 幣原喜重郎	山東省のドイツ権益の返還

流れで覚える

◆ 第2次大隈重信内閣に続く □1□ 内閣は，袁世凱の後継者 □2□ に □3□ を通じて巨額の借款を与え，日本の中国権益拡大に努めた。日本は中国進出に批判的なアメリカと1917年に □4□ を締結して関係を調整した。一方，ロシア革命が起こり，社会主義（ソヴィエト）政権が誕生した。日本は革命を阻止するため，1918年，米・英・仏とともに □5□ を断行した。

◆ 大戦景気で工場労働者が増加し，都市人口が増加して米の需要が高まるなか，□5□ を当て込んだ米の投機的買占めで米価が急騰した。そのため，1918年，□6□ 県での騒動をきっかけに全国的な □7□ が起こった。□1□ 内閣は軍隊を出動させて鎮圧したが辞職した。

◆ 政治参加を求める国民の動きを警戒した元老の山県有朋は政党内閣を認め，1918年，立憲政友会の総裁 □8□ を首班とする内閣が成立した。□8□ は華族ではない，衆議院に議席を持つ首相であったため，「平民宰相」と呼ばれ歓迎された。しかし，民衆の要求である □9□ の導入には否定的で，1919年に選挙権の納税資格を □10□ 円以上に引き下げ，□11□ 制を導入する改正にとどまった。1920年の総選挙では鉄道の拡充などを掲げて立憲政友会が圧勝した。しかし，同年に起きた □12□ によって財政的にゆきづまったうえ，党員の汚職事件なども続発し，□8□ は1921年に暗殺された。

◆ ドイツの降伏で第一次世界大戦は終結し，パリ講和会議が開かれ，日本も □13□ を全権として派遣した。講和条約である □14□ で日本は山東省のドイツ権益の継承などが認められた。中国ではこれに反発して □15□ が起こり，世界的な民主主義の高まりから，朝鮮では三・一独立運動が起こった。また，米大統領 □16□ の提案で1920年，□17□ が設立され，日本も常任理事国として参加したが，米ソは不参加であった。

◆ 米大統領 □18□ の提案で，軍縮問題や太平洋および極東問題などを協議するため，1921年からワシントン会議が開かれた。□19□ では太平洋の現状維持などを定め，□20□ が廃棄された。□21□ では中国の領土保全，門戸開放，機会均等を約束し，□4□ は廃棄され，日本は山東省の権益を放棄することになった。ワシントン海軍軍縮条約では □22□ の保有制限と建造禁止が定められ，日本は米英に対し，□23□ 割の保有比率となった。こうして形成されたアジア・太平洋地域の国際協調体制をワシントン体制という。

重要用語チェック

1 寺内正毅内閣
2 段祺瑞
3 西原亀三
4 石井・ランシング協定
5 シベリア出兵

6 富山県
7 米騒動

8 原敬
9 普通選挙
10 3円
11 小選挙区制
12 戦後恐慌

13 西園寺公望
14 ヴェルサイユ条約
15 五・四運動
16 ウィルソン
17 国際連盟

18 ハーディング
19 四カ国条約
20 日英同盟（協約）
21 九カ国条約
22 主力艦
23 6割

原始
古墳
飛鳥
奈良
平安
鎌倉
室町
安土桃山
江戸
明治
大正
昭和
平成

❖❖❖ 時代をつかむ

内閣	所属	事項
[加藤友三郎]	海軍	ワシントン会議の履行➡軍縮の実施 **シベリア撤兵**(1922)
第2次 [山本権兵衛]	海軍	[関東大震災](1923)の翌日組閣➡震災処理 **震災恐慌**(1923)…震災手形処理問題が残る 朝鮮人・中国人の虐殺…流言により自警団を組織して殺害 **亀戸事件**…労働運動家が警察と軍隊に殺される [甘粕事件]…無政府主義者**大杉栄**と妻**伊藤野枝**を殺害 [虎の門事件](1923)…無政府主義者難波大助による 　摂政宮裕仁(のちの昭和天皇)殺害未遂 　➡内閣は総辞職
[清浦奎吾]	貴族院	貴族院を中心として組閣，**政友本党**が支持 [第二次護憲運動](1924)…「**普選断行・貴族院改革**」 　護憲三派 [憲政会](**加藤高明**) 　　　　　[立憲政友会](**高橋是清**) の反発 　　　　　[革新倶楽部](**犬養毅**) 1924年の総選挙で護憲三派圧勝➡内閣総辞職
第1次 [加藤高明]	憲政会 (護憲三派)	[普通選挙法]制定(1925)…納税資格撤廃 [治安維持法]制定(1925)…社会主義運動の活発化を警戒 [日ソ基本条約](1925)…ソ連と国交回復
第2次 [加藤高明]	憲政会 (単独)	立憲政友会(田中義一総裁)が革新倶楽部を吸収 　➡護憲三派連立崩壊，憲政会単独内閣へ

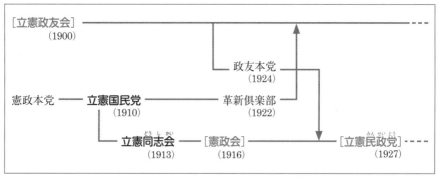

▲政党の変遷②

流れで覚える

◆ ワシントン会議の全権であった | 1 | は帰国後に組閣し，軍縮やシベリア撤兵を実施した。1923年，関東大震災の翌日には，| 2 | が組閣して震災の処理にあたった。混乱の中，朝鮮人・中国人の虐殺や，社会主義者が警察署内で殺害される | 3 |，憲兵隊が無政府主義者 | 4 | とその妻 | 5 | らを殺害する事件が起こった。さらに，無政府主義者が摂政宮裕仁（のちの昭和天皇）を狙撃する | 6 | が起こり，| 2 | 内閣は総辞職した。

◆ | 2 | の後を受け，枢密院議長であった | 7 | が貴族院を基礎に組閣した。これに対して | 8 |・| 9 |・| 10 | の3党は護憲三派連盟を結成し，政党内閣の実現をめざして，第二次護憲運動を起こした。| 7 | は | 9 | から分裂した | 11 | の支持で1924年の総選挙にのぞんだが，普通選挙の実現と貴族院改革を唱えた護憲三派が圧勝し，| 7 | 内閣は総辞職した。

◆ | 7 | に代わって，衆議院で第一党となった | 8 | の総裁 | 12 | が内閣総理大臣となり，護憲三派の連立内閣が成立した。これ以降，五・一五事件で | 13 | 内閣が崩壊するまで，衆議院で多数を占める政党の総裁が組閣し（政党内閣），2大政党が交互に政権を担当する政党政治の慣行（「| 14 |」）が成立した。

◆ | 12 | 内閣は，| 15 | 外相による協調外交を進め，1925年，| 16 | を締結してソ連との国交を回復した。その一方で，同年，| 17 | を成立させ，納税資格を撤廃し，満25歳以上の男子に選挙権を与えた。しかし，ソ連との国交樹立による共産主義思想の波及や，| 17 | の実施による労働者階級の政治的影響力拡大を警戒して，| 18 | を成立させ，| 19 | の変革や私有財産制度の否認を目的とする結社やその参加者を処罰することを定めた。

◆ 1925年，| 9 | は陸軍長州閥の | 20 | を総裁にむかえ，| 10 | を吸収した。その結果，護憲三派の提携は崩れ，| 12 | 内閣は | 8 | の単独内閣となった。1926年，| 8 | の総裁をついだ | 21 | が組閣し，1927年，| 8 | は | 11 | と合同して | 22 | を結成した。

重要用語チェック
1 加藤友三郎
2 山本権兵衛
3 亀戸事件
4 大杉栄
5 伊藤野枝
6 虎の門事件
7 清浦奎吾
8 憲政会
9 立憲政友会
10 革新倶楽部
11 政友本党
12 加藤高明
13 犬養毅内閣
14 憲政の常道
15 幣原喜重郎外相
16 日ソ基本条約
17 普通選挙法
18 治安維持法
19 国体の変革
20 田中義一
21 若槻礼次郎
22 立憲民政党

原始
古墳
飛鳥
奈良
平安
鎌倉
室町
安土桃山
江戸
明治
大正
昭和
平成

▲加藤高明

大戦景気と大正時代の社会運動

❖❖❖ 時代をつかむ

●大戦景気

業種		事項
海運業 造船業		世界的な船舶不足 海運業・造船業の活況 世界第3位の海運国へ **船成金**の出現
繊維	綿工業	欧州の後退➡**アジア市場の独占** 綿織物業…**綿布**＞**綿糸**の輸出（1917） 綿紡績業…[在華紡]（中国で工場経営）
	製糸業	**アメリカ**市場への**生糸**輸出の拡大
重化学	化学工業	[ドイツ]からの輸入途絶 ➡国産化が進む
	鉄鋼業	八幡製鉄所の拡張 満鉄の[鞍山製鉄所]の設立
電力業		**猪苗代・東京**間の長距離送電

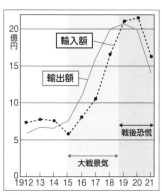

▲第一次世界大戦前後の貿易額の推移

●社会運動の発達

労働運動	[友愛会] 結成（1912）…**鈴木文治**，労資協調主義 大日本労働総同盟友愛会（1919）➡**初のメーデー**（1920） ▶[日本労働総同盟]（1921）…階級闘争主義へ 　分裂（1925）〔右派…日本労働総同盟 　　　　　　　　左派…日本労働組合評議会
社会主義	**日本社会主義同盟**（1920）…社会主義者たちが一堂に会す➡禁止 森戸事件（1920）…東大助教授**森戸辰男**がクロポトキンの研究で休職 [日本共産党]の結成（1922）…**山川均**ら，コミンテルンの日本支部
農民運動	**日本農民組合**の結成（1922）…**賀川豊彦・杉山元治郎**ら，小作争議の指導
婦人運動	[青鞜社]の設立（1911）…**平塚らいてう**(明)ら，婦人の文学者の団体 [新婦人協会]の設立（1920）…[**市川房枝**]ら，婦人の政治参加を要求 **婦人参政権獲得期成同盟会**（1924）…婦人参政権を要求 **赤瀾会**の設立（1921）…**山川菊栄・伊藤野枝**ら，婦人の社会主義団体
部落解放	[全国水平社]の結成（1922）…**西光万吉**ら，被差別部落を自主的に解放

•••• 流れで覚える

◆　第一次世界大戦は日本に<u>大戦景気</u>をもたらした。ヨーロッパ諸国が撤退したアジア市場の独占と，交戦国からの需要で貿易は輸出超過となり，<u>債務国</u>から　1　へと転換した。綿織物業では，中国向けの輸出が拡大し，1917年，綿布の輸出額が綿糸を上回った。綿紡績業では中国に紡績工場が設立され，　2　と呼ばれた。また，好景気であったアメリカへは　3　の輸出がのびた。

◆　造船業・海運業は，世界的な船舶不足のために好況となり，　4　が生まれ，日本は世界第　5　位の海運国となった。鉄鋼業では満鉄の　6　が設立されるなど，生産力をのばした。薬品・肥料などでは交戦国である　7　からの輸入が途絶えたため，<u>化学工業</u>が勃興した。電力業は水力発電で　8　・東京間の長距離送電に成功し，蒸気力から電力への転換が進んだ。その結果，工業生産額が農業生産額を追い越し，重化学工業の発展により男性労働者が著しく増加する一方，会社員・銀行員などの<u>俸給生活者</u>（サラリーマン）を中心とする<u>新中間層</u>が現れた。

◆　大正時代の社会運動活発化の背景となった学説・思想は，<u>美濃部達吉</u>が唱えた　9　や，<u>吉野作造</u>が唱えた　10　であった。吉野は1918年に，　11　を組織して全国的に啓蒙運動を行い，吉野の影響を受けた学生たちは<u>東大新人会</u>などの思想団体を結成した。こうした中，普通選挙運動が活発化し，政党内閣への期待が生まれた。

◆　1912年に　12　が中心となり，労働者の地位向上をめざす　13　が結成され，1920年には第1回の　14　が開催された。1921年には　15　となり階級闘争主義へと転換した。一方，農村では<u>小作争議</u>が頻発し，<u>賀川豊彦</u>らによって，1922年，　16　が結成された。また，1920年には社会主義者たちが集まり，　17　が結成されたが翌年禁止され，1922年には，コミンテルンの日本支部として　18　が結成された。

◆　女性解放運動は，<u>平塚らいてう</u>（明）らにより結成された　19　に始まった。1920年には<u>市川房枝</u>らが　20　を結成して女性の政治活動を禁止する治安警察法第5条の改正を要求するなど女性の地位を高める運動を進め，1924年には　21　に発展して参政権を要求した。その一方で<u>山川菊栄・伊藤野枝</u>らは　22　を結成して社会主義を唱えた。部落解放運動では，西光万吉らにより　23　が結成された。

重要用語チェック

1　債権国

2　在華紡

3　生糸

4　船成金

5　3位

6　鞍山製鉄所

7　ドイツ

8　猪苗代

9　天皇機関説

10　民本主義

11　黎明会

12　鈴木文治

13　友愛会

14　メーデー

15　日本労働総同盟

16　日本農民組合

17　日本社会主義同盟

18　日本共産党

19　青鞜社

20　新婦人協会

21　婦人参政権獲得期成同盟会

22　赤瀾会

23　全国水平社

▲吉野作造

❖❖❖ 時代をつかむ

大衆文化	女性の進出➡[職業婦人]…タイピスト・電話交換手など 総合雑誌…『[中央公論]』・『改造』　大衆娯楽雑誌…『[キング]』(講談社) [円本](『現代日本文学全集』)・岩波文庫 [ラジオ放送]の開始(1925)　映画(活動写真)…無声から**トーキー**(有声)へ 生活の洋風化…鉄筋のビルディング，**文化住宅**，カレーライスなどの洋食
教育	[大学令](1918)…公・私立・単科大学の公認(原敬内閣) **自由教育運動**…羽仁もと子の自由学園など **綴方教育運動**…鈴木三重吉(児童文学雑誌『赤い鳥』主催)ら
文学	[耽美派]　雑誌『スバル』など，谷崎潤一郎・永井荷風 [白樺派]　雑誌『白樺』，武者小路実篤・志賀直哉・有島武郎 [新思潮派]　雑誌『新思潮』，[芥川龍之介]・菊池寛 [プロレタリア文学]　雑誌『種蒔く人』➡『文芸戦線』➡『戦旗』 　葉山嘉樹・[小林多喜二]・徳永直 [新感覚派]　雑誌『文芸時代』，[川端康成]・横光利一 **大衆文学**　中里介山・直木三十五・吉川英治
芸術など	絵画　[二科会](1914)…梅原竜三郎(「紫禁城」)・安井曽太郎(「金蓉」) 　日本美術院再興(1914)…[横山大観](「生々流転」)・下村観山 　[春陽会](1922)…岸田劉生(「麗子微笑」) 彫刻　高村光太郎・朝倉文夫(「墓守」)・平櫛田中 演劇　[芸術座](1913)…島村抱月・松井須磨子 　[築地小劇場](1924)…小山内薫・土方与志，プロレタリア演劇

[河上肇]	『貧乏物語』
[西田幾多郎]	『善の研究』
津田左右吉	『神代史の研究』
[柳田国男]	『遠野物語』
[本多光太郎]	KS磁石鋼
[野口英世]	黄熱病の研究
八木秀次	八木アンテナ
理化学研究所	

▲学問

[永井荷風]	『腕くらべ』	[葉山嘉樹]	『海に生くる人々』
[谷崎潤一郎]	『刺青』		
[武者小路実篤]	『その妹』	[小林多喜二]	『蟹工船』
[有島武郎]	『或る女』	[徳永直]	『太陽のない街』
[志賀直哉]	『暗夜行路』		
[芥川龍之介]	『羅生門』	[川端康成]	『伊豆の踊子』
菊池寛	『恩讐の彼方に』	[中里介山]	『大菩薩峠』

▲おもな文学作品

流れで覚える

◆　第一次世界大戦後には都市化が進み，高学歴の会社員・銀行員など　1　が出現し，女性の社会進出も進み，教師やタイピストなどの　2　が現れ，それらの人々を担い手とする大衆文化が誕生した。『中央公論』などの総合雑誌や，講談社の『　3　』などの大衆娯楽雑誌，1冊1円の　4　などが発行され，1925年にはラジオ放送が始まった。また，活動写真では1930年代に有声の　5　の上映が始まった。生活の洋風化も進み，和洋折衷の住居である　6　が流行し，食生活の面ではトンカツやカレーライスのような洋食が普及した。また，さまざまな商品を陳列して販売する百貨店（デパート）が発達した。

◆　1918年に原内閣で　7　が公布され，公・私立大学なども公認されるようになった。学問の分野では，マルクス主義が影響力を持ち，『貧乏物語』を著した京大教授の　8　が紹介した。また，哲学では『善の研究』を著した　9　，民俗学では『遠野物語』の　10　が出た。自然科学の分野では，KS磁石鋼を発明した　11　，黄熱病の研究を進めた医学者の　12　がいた。

◆　文学では自然主義が衰退し，夏目漱石・森鷗外の影響を受けた新しい作家が現れた。人道主義を掲げ，雑誌『　13　』を中心に活躍した『その妹』の　14　や，『暗夜行路』の　15　，耽美的作風で『刺青』などを書いた　16　や，『腕くらべ』の　17　，雑誌『　18　』で活躍した『羅生門』の　19　などである。

◆　社会主義，労働運動の高まりを受け，1921年，雑誌『種蒔く人』が創刊され，　20　が発達した。その後，1928年には全日本無産者芸術連盟（ナップ）の機関紙『　21　』が創刊された。作家では『海に生くる人々』の　22　，『蟹工船』の　23　，『太陽のない街』の　24　らがいた。リアリズムに反発した新感覚派では『伊豆の踊子』の　25　らがいた。

◆　美術では官展に反発する　26　が結成され，梅原竜三郎（「紫禁城」）や，安井曽太郎（「金蓉」）が活躍した。また，　27　（「生々流転」）らによって日本美術院が再興され，岸田劉生（「麗子微笑」）が参加した　28　も創立された。演劇では小山内薫らが1924年，　29　をおこした。

重要用語チェック

1　俸給生活者（サラリーマン）
2　職業婦人
3　キング
4　円本
5　トーキー
6　文化住宅

7　大学令
8　河上肇
9　西田幾多郎
10　柳田国男
11　本多光太郎
12　野口英世

13　白樺
14　武者小路実篤
15　志賀直哉
16　谷崎潤一郎
17　永井荷風
18　新思潮
19　芥川龍之介

20　プロレタリア文学
21　戦旗
22　葉山嘉樹
23　小林多喜二
24　徳永直
25　川端康成

26　二科会
27　横山大観
28　春陽会
29　築地小劇場

◆◆◆ 時代をつかむ

●…中国情勢

内閣	所属	年	内政・経済	外交
原敬 （はらたかし）	政友会 （せいゆうかい）	1919 1920 1921	［戦後恐慌］ （せんごこうこう）	●中国国民党の結成 ●中国共産党の結成
第2次 山本 （やまもと） 権兵衛 （ごんべえ）	海軍	1923 1924	［震災恐慌］ （しんさい） モラトリアム（支払猶予令）の実施 （しはらいゆうよれい） 震災手形割引損失補償令 （てがたわりびきそんしつほしょうれい）	 ●第1次国共合作 （こっきょうがっさく）
加藤高明 （かとうたかあき）	憲政会 （けんせいかい）	1925		日ソ基本条約
第1次 ［若槻 （わかつき） 礼次郎］ （れいじろう）	憲政会	1926 1927	 ［金融恐慌］の発生 鈴木商店の倒産	●中国国民党が北伐開始 （ほくばつ）
［田中義一］ （たなかぎいち）	政友会	1927 1928 1929	モラトリアムの実施 日本銀行による救済融資 ➡金融恐慌の鎮静化 第1回［普通選挙］ 三・一五事件 ［治安維持法改正］ 特別高等警察（特高）を全国に配置 （とくべつこうとうけいさつ）（とっこう） 四・一六事件 （よんいちろく）	［山東出兵］（～1928） （さんとうしゅっぺい） 東方会議 （とうほうかいぎ） ➡「対支政策綱領」決定 （たいしせいさくこうりょう） ●南京国民政府樹立 （じゅ） ［不戦条約］（パリ） ●国民党の北伐完了 張作霖爆殺事件（満洲某重 （ちょうさくりんばくさつ）（まんしゅうぼうじゅう） 大事件）

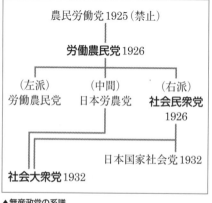

▲無産政党の系譜

農民労働党 1925（禁止）

労働農民党 1926

（左派）　　（中間）　　（右派）
労働農民党　日本労農党　社会民衆党
　　　　　　　　　　　　1926

日本国家社会党 1932

社会大衆党 1932

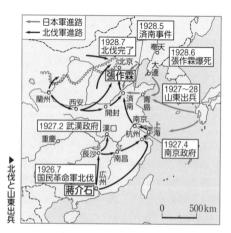

▶北伐と山東出兵

←日本軍進路
←北伐軍進路

1928.5 済南事件
1928.7 北伐完了
1928.6 張作霖爆死
1927～28 山東出兵
1927.2 武漢政府
1927.4 南京政府
1926.7 国民革命軍北伐

奉天
北京
大連
青島
済南
南京
上海
杭州
蘭州
西安
開封
漢口
長沙
南昌
重慶
広州

張作霖
蔣介石

0　　500km

流れで覚える

◆　第一次世界大戦後，欧州の商品がアジア市場で復活して日本の輸出は減少し，1920年には[1]が発生した。1923年には[2]で多くの企業がふりだした手形の決済ができなくなり，政府は日本銀行の特別融資を行った。しかし，決済不能となった震災手形の決済は進まず，経営が悪化する金融機関もあった。

◆　[3]の第1次若槻礼次郎内閣のとき，[4]蔵相の失言により一部銀行の経営不良が発覚したため，1927年，[5]が起こって銀行の休業が続出する[6]が発生した。さらに大戦景気で成長した商社[7]の経営破綻により，不良債権をかかえた[8]が経営危機におちいった。若槻内閣は[8]を緊急勅令によって救済しようとしたが，枢密院が否決したため，総辞職した。続く[9]の田中義一内閣では，3週間の[10]を発令し，日本銀行の救済融資を実施して混乱をしずめた。

◆　普通選挙法成立後，社会主義勢力は議会進出をめざし，1926年，合法的な無産政党である[11]が組織された。しかし，党内で共産党系の勢力が強まると，右派の[12]と中間派の日本労農党に分裂した。田中義一内閣の1928年には第1回の普通選挙が実施され，無産政党からも当選者が出た。この時，日本共産党の活動が活発化したため，政府は[13]，翌年の[14]で共産党員を大量検挙した。さらに1928年には緊急勅令で[15]を改正し，最高刑を[16]とし，思想を取り締まる[17]を全国に配置した。

◆　中国では軍閥の割拠状態が続いており，その中で中国国民党は中国共産党と提携し（第1次[18]），中国統一をめざした。そのため，1926年，国民党の国民革命軍は[19]を開始した。若槻内閣は[20]外相のもと協調外交方針をとり，中国内政不干渉の立場であったため，[9]や枢密院の反発を受けた。

◆　田中内閣では首相が外相を兼任して外交方針を転換し，[19]に対応するために居留民保護を口実に1927年から3次にわたり[21]を断行し，2次出兵では国民革命軍と衝突する[22]も起こった。そして，[23]を開き，満洲権益を実力で守る方針（「対支政策綱領」）を決定した。しかし，関東軍の謀略により引き起こされた[24]をめぐって，天皇の不興を買い，内閣は総辞職することとなった。一方で田中内閣は欧米との協調を維持し，1928年にはパリで戦争放棄を宣言する[25]に調印した。

1 戦後恐慌
2 関東大震災
3 憲政会
4 片岡直温蔵相
5 取付け騒ぎ
6 金融恐慌
7 鈴木商店
8 台湾銀行
9 立憲政友会
10 モラトリアム（支払猶予令）
11 労働農民党
12 社会民衆党
13 三・一五事件
14 四・一六事件
15 治安維持法
16 死刑
17 特別高等警察（特高）
18 国共合作
19 北伐
20 幣原喜重郎外相
21 山東出兵
22 済南事件
23 東方会議
24 張作霖爆殺事件（満洲某重大事件）
25 不戦条約

原始 古墳 飛鳥 奈良 平安 鎌倉 室町 安土桃山 江戸 明治 大正 昭和 平成

❖❖❖ 時代をつかむ

●浜口雄幸内閣（立憲民政党）の政策

分野	経済		外交	
	［井上］財政		［幣原］外交	
背景	戦後恐慌・震災恐慌・金融恐慌 為替相場の動揺 工業の国際競争力の不足 物価高のため輸入超過		田中義一内閣（立憲政友会） 山東出兵（1927〜28） 張作霖爆殺事件（1928） 中国との関係悪化	
政策	［緊縮財政］ 　産業合理化と物価の引き下げ ［金輸出解禁（金解禁）］（1930） 　為替相場の安定と輸出入促進 ［重要産業統制法］（1931） 　不況カルテルの結成促進		対中国協調外交 　日中関税協定（1930） 欧米との協調 　［ロンドン海軍軍縮条約］調印（1930）	
結果	円高と［世界恐慌］（1929〜）の影響 アメリカ向け生糸輸出の減少 ▶［昭和恐慌］ 　輸出減少・輸入超過➡正貨流出 　企業倒産・操業短縮 産業合理化による人員整理 　➡失業者の増大 ▶［農業恐慌］ 　農産物価格の暴落（米・繭） 　失業者の帰農 　娘の身売り・欠食児童		▶統帥権干犯問題 　立憲政友会・海軍軍令部などの攻撃 　　➡統帥権の干犯 　枢密院の同意➡条約の批准 　右翼の青年が浜口首相狙撃 　　➡重傷を負い退陣 第2次若槻礼次郎内閣へ	

▲テロに襲われた浜口首相

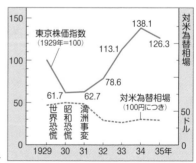

株価指数と為替相場の推移▶

東京株価指数（1929年=100）
対米為替相場
61.7　62.7　78.6　113.1　138.1　126.3
対米為替相場（100円につき）
世界恐慌　昭和恐慌　満洲事変
1929　30　31　32　33　34　35年

∷∴∵∷ 流れで覚える

◆　1920年代には, たびたび恐慌が起こり, 政府は [　1　] による救済融資でしのいだため, 物価は上昇し, 膨張した経済界の整理は進まなかった。工業の国際競争力の不足などのために輸入超過は増大し, 1917年以来の [　2　] が続く中, 為替相場は不安定であった。

◆　1929年に成立した立憲民政党の [　3　] 内閣は, 蔵相に [　4　] を起用し, 緊縮財政により物価の引き下げをはかり, 産業合理化を促進して工業の国際競争力の強化をめざした。そして1930年には, 経済界の要望でもあった [　5　] を断行して, 為替相場の安定をはかった。しかし, 1929年にアメリカの株価暴落から始まった不況が [　6　] に発展していたことに加え, 100円＝49.85＄の [　7　] で解禁したために円の切り上げとなり, [　8　] をもたらして輸出は停滞し, 深刻な恐慌におちいった (昭和恐慌)。そのため, 正貨は海外に流出し, 企業の操業短縮, 倒産が相次ぐとともに, 産業合理化による賃金引き下げ, 人員整理が行われ, 失業者が増大した。政府は1931年, [　9　] を制定し, 不況カルテルの結成を容認した。

◆　米価は1920年代から植民地の [　10　] の影響で低迷していたが, 昭和恐慌が発生すると, 米をはじめ農産物の価格が暴落した。恐慌により消費が縮小したアメリカへの [　11　] の輸出は激減し, その影響で原料である [　12　] の価格は大きく下落した。1931年には, 東北・北海道で大凶作に見舞われたうえ, 企業の倒産などにより兼業の機会を失って収入は減少したため, 農家の困窮は著しく, [　13　] や学校に弁当を持っていけない [　14　] が続出するなど深刻な農業恐慌が起こった。

◆　[　3　] 内閣では, [　15　] 外相が協調外交の方針を復活させた。1930年には [　16　] を結び, 条件付きで中国の関税自主権を認めた。一方で, 1930年には [　17　] を全権として派遣し, [　18　] 会議に参加した。会議では補助艦の保有比率が取り決められ, 日本は米英に対して約 [　19　] 割の保有比率で条約に調印した。これに対し, 野党の立憲政友会や海軍軍令部・右翼などは, 海軍軍令部の反対をおしきって政府が条約に調印したのは [　20　] の干犯であると, 内閣を攻撃した。政府は [　21　] に同意させて条約の批准に成功したが, [　3　] 首相は右翼の青年に狙撃され, 重傷を負って退陣した。

重要用語チェック

1　日本銀行

2　金輸出禁止

3　浜口雄幸

4　井上準之助

5　金輸出解禁
　（金解禁）

6　世界恐慌

7　旧平価

8　円高

9　重要産業統制法

10　移入米

11　生糸

12　繭

13　娘の身売り

14　欠食児童

15　幣原喜重郎外相

16　日中関税協定

17　若槻礼次郎

18　ロンドン海軍軍縮
　会議

19　7割

20　統帥権

21　枢密院

▲井上準之助

原始
古墳
飛鳥
奈良
平安
鎌倉
室町
安土桃山
江戸
明治
大正
昭和
平成

満洲事変と恐慌からの脱出

◆◆◆ 時代をつかむ

●満洲事変と国際的孤立

内閣	所属	年	外交	経済
第2次 [若槻礼次郎]	立憲 民政党	1931	[柳条湖] 事件 ➡満洲事変の勃発	
[犬養毅]	立憲 政友会	1931 1932	 第1次上海事変 リットン調査団来日 満洲国建国（執政，溥儀）	高橋財政（～1936） [金輸出再禁止] ➡管理通貨制度へ
斎藤実	海軍	1932 1933 1934	日満議定書締結 国際連盟脱退通告 塘沽停戦協定 満洲国帝政を実施	農山漁村経済更生運動 の開始 日本製鉄会社設立
岡田啓介	海軍	1934 1936	ワシントン海軍軍縮条約の 廃棄通告 ロンドン海軍軍縮条約の脱退	

●新興財閥

名称	持株会社／傘下企業	創業者
[日産]	日本産業／ 日産自動車など18社	[鮎川義介]
[日窒]	日本窒素肥料／ 日窒工業など28社	[野口遵]
日曹	日本曹達／ 日曹人絹パルプなど25社	中野友礼
森	森興業／ 昭和電工など27社	森矗昶
理研	理化学興業／ 理研特殊鋼など39社	大河内正敏

▲満洲事変要図

流れで覚える

◆ 張作霖の死後，子の ___1___ が満洲で国権回収運動を始めたため，日本の権益に対して「満蒙の危機」が叫ばれた。その中で関東軍参謀の ___2___ が奉天郊外の ___3___ で満鉄線路を爆破し，これを中国軍の行為として軍事行動を開始し，満洲事変が勃発した。協調外交を推進する ___4___ の第2次 ___5___ 内閣は不拡大方針を声明したが，関東軍が戦線を拡大したため，事態を収拾できずに総辞職した。

◆ 続いて ___6___ の ___7___ 内閣が成立した。1932年になると，関東軍は満洲主要地域を占領し，清朝最後の皇帝 ___8___ を執政として満洲国の建国を宣言させた。中国の提訴と日本の提案により，国際連盟は事実関係調査のため，イギリスの ___9___ を団長とする調査団を日中両国に派遣した。続く斎藤実内閣は ___10___ を締結して満洲国を承認した。

◆ 1933年には国際連盟の臨時総会が開かれ，日本の軍事行動は不当で，満洲国は日本の傀儡政権であるとする ___9___ 報告書に基づく対日勧告が採択された。これを不満とする代表の ___11___ は総会から退場し，その後，斎藤内閣は連盟に脱退を通告し，塘沽停戦協定により満洲事変を終息させた。続く ___12___ 内閣はワシントン・ロンドンの海軍軍縮条約からも脱退した。

◆ ___13___ は ___7___ ・斎藤実・ ___12___ の3代にわたる内閣で大蔵大臣を務めた。 ___13___ 蔵相は1931年， ___14___ 措置をとり，金本位制から離脱するとともに ___15___ 制度に移行した。その結果，為替相場は大幅な ___16___ となり，綿織物を中心に輸出は増大した。一方，列強は世界恐慌からの脱出に苦しんでおり，イギリスは本国と植民地で ___17___ 経済圏をつくり，高率の関税など保護貿易策をとっていた。その中でイギリスをはじめ列強は， ___16___ のもとでの日本の輸出拡大を ___18___ と非難した。

◆ ___13___ 蔵相は ___19___ を発行し，軍事費の拡大などを中心とする積極政策をとった。その結果，1933年頃，生産力は恐慌以前の水準に回復し，重化学工業中心の産業構造に変化した。鉄鋼業では製鉄大合同により ___20___ が生まれ，鮎川義介の ___21___ コンツェルンや，野口遵の ___22___ コンツェルンなどの新興財閥が台頭した。一方，農業恐慌に苦しむ農村では時局匡救事業として公共土木工事を行い，さらに農山漁村経済更生運動を始め，「自力更生」をはからせた。

重要用語チェック

1 張学良
2 石原莞爾
3 柳条湖
4 立憲民政党
5 若槻礼次郎

6 立憲政友会
7 犬養毅
8 溥儀
9 リットン
10 日満議定書

11 松岡洋右
12 岡田啓介

13 高橋是清
14 金輸出再禁止
15 管理通貨制度
16 円安
17 ブロック経済圏
18 ソーシャル＝
　 ダンピング

19 赤字国債
20 日本製鉄会社
21 日産
22 日窒

▲高橋是清

原始 / 古墳 / 飛鳥 / 奈良 / 平安 / 鎌倉 / 室町 / 安土桃山 / 江戸 / 明治 / 大正 / 昭和 / 平成

🔷 時代をつかむ

●軍部の台頭

内閣	所属	年	事項
浜口雄幸（はまぐちおさち）	立憲民政党（りっけんみんせいとう）	1930	桜会結成（さくらかい）…陸軍中佐橋本欣五郎ら（はしもときんごろう）
		1931	三月事件（さんがつ）…桜会による宇垣内閣樹立のクーデタ未遂（うがきないかくじゅりつ）
第2次若槻礼次郎（わかつきれいじろう）	立憲民政党	1931	柳条湖事件（りゅうじょうこ）➡満洲事変の勃発（まんしゅうじへんぼっぱつ）
			十月事件（じゅうがつ）…桜会による荒木内閣樹立のクーデタ未遂（あらきないかくじゅりつ）
［犬養毅］（いぬかいよし）	立憲政友会（りっけんせいゆうかい）	1932	血盟団事件（けつめいだん）…井上日召ら（いのうえにっしょう），井上準之助・団琢磨殺害（いのうえじゅんのすけ・だんたくま）
			［五・一五事件］（ご・いちご）…海軍青年将校ら，犬養首相暗殺（いぬかいしゅしょうあんさつ）
			➡政党内閣の崩壊
斎藤実（さいとうまこと）	海軍	1933	滝川事件（たきがわ）…京大教授滝川幸辰の処分（たきがわゆきとき）
			転向声明（てんこう）…共産党幹部の佐野学・鍋山貞親（さのまなぶ・なべやまさだちか）
［岡田啓介］（おかだけいすけ）	海軍	1934	陸軍パンフレット事件
		1935	［天皇機関説問題］（てんのうきかんせつ）…美濃部達吉の憲法学説が問題化（みのべたつきち）
			国体明徴声明（こくたいめいちょうせいめい）…内閣が天皇機関説を否定
			相沢事件（あいざわ）…陸軍皇道派と統制派の対立が表面化
		1936	［二・二六事件］（に・にろく）…陸軍皇道派のクーデタ➡鎮圧（ちんあつ）

●陸軍の皇道派と統制派の対立

皇道派		統制派
荒木貞夫・真崎甚三郎ら（あらきさだお・まさきじんぞうろう）	中心	永田鉄山・東条英機ら（ながたてつざん・とうじょうひでき）
国家改造をめざす一部の隊付き青年将校ら（たいつき）	支持勢力	参謀本部・陸軍省の中堅幕僚将校（さんぼうほんぶ・ちゅうけんばくりょうしょうこう）
クーデタによる国家改造軍部政権の樹立天皇親政の実現（てんのうしんせい） ［北一輝］の影響（きたいっき） 『日本改造法案大綱』（にほんかいぞうほうあんたいこう）	主張	革新官僚・政財界と提携（かくしんかんりょう）合法的に国家権力を掌握（ごうほうてき）総力戦体制の樹立（そうりょくせん）

```
相沢事件
  皇道派の相沢中佐が永
  田鉄山軍務局長を殺害
```
→
```
［二・二六事件］
  皇道派の後退
  統制派の発言力拡大（しょうげん）
```

▲二・二六事件
戒厳司令部から反乱軍に
呼びかけるアドバルーン

∷∷∷ 流れで覚える

◆ 陸海軍の青年将校や右翼は政党・財閥などが日本のゆきづまりの原因と考え，国家改造運動を進めた。1931年には橋本欣五郎中佐を中心とする陸軍　**1**　のクーデタ計画が発覚する三月事件や十月事件が起こった。1932年には井上日召を盟主とする　**2**　が前蔵相　**3**　・三井合名会社理事長　**4**　を殺害した。さらに同年，　**5**　首相が海軍の青年将校により射殺されるという　**6**　が起こり，後継首相には海軍出身の　**7**　が就任した。これにより，政党内閣は崩壊し，太平洋戦争後まで復活しなかった。

◆ 満洲事変以降のナショナリズムの高揚は社会主義にも影響を与え，無産政党は総力戦体制のもとでの平等社会を唱え，1932年に結成された最大の無産政党である　**8**　はしだいに国家社会主義化していった。その中で，1933年，日本共産党の幹部　**9**　と　**10**　が転向声明を発表し，獄中の党員の大量転向が起こった。

◆ 思想や言論への取り締まりも強化され，自由主義的な学問への弾圧事件も起こった。1933年には，京大教授　**11**　の刑法学説が自由主義的であったため批判が起こり，文相　**12**　の圧力で休職処分となり，法学部教授会も抵抗したが敗北した。また，　**13**　の憲法学説である天皇機関説を貴族院議員の菊池武夫が反国体的であると非難し，立憲政友会の一部や陸軍，右翼などがそれに同調して問題化した。当時の　**14**　内閣は　**15**　を発して天皇機関説を否定した。一方，陸軍省が1934年，「国防の本義と其強化の提唱」というパンフレットを発行したため，陸軍の政治関与への意欲を示すものとして議論が起こった。

◆ 陸軍の内部では，　**16**　が著した『日本改造法案大綱』の影響を受け，直接行動による天皇親政の実現をめざす　**17**　と，革新官僚などと結んで総力戦体制樹立をめざす　**18**　が対立していた。1936年，　**17**　の青年将校たちが約1400名の兵を率いて首相官邸などを襲撃し，内大臣　**7**　，蔵相　**19**　，教育総監　**20**　らを殺害する　**21**　が起こった。青年将校は天皇の指示により反乱軍として鎮圧され，事件後，　**14**　内閣は総辞職し，軍部の政治的発言力は強まった。

重要用語チェック

1　桜会

2　血盟団

3　井上準之助

4　団琢磨

5　犬養毅

6　五・一五事件

7　斎藤実

8　社会大衆党

9　佐野学

10　鍋山貞親

11　滝川幸辰

12　鳩山一郎

13　美濃部達吉

14　岡田啓介

15　国体明徴声明

16　北一輝

17　皇道派

18　統制派

19　高橋是清

20　渡辺錠太郎

21　二・二六事件

原始 / 古墳 / 飛鳥 / 奈良 / 平安 / 鎌倉 / 室町 / 安土桃山 / 江戸 / 明治 / 大正 / **昭和** / 平成

▲犬養毅

◆◆◆ 時代をつかむ

内閣	所属	年	展開
岡田啓介	海軍	1935	6. 梅津・何応欽協定 11. 冀東防共自治委員会の成立 12. 冀察政務委員会の設置　　｝華北分離工作
[広田弘毅]	官僚	1936	6. 帝国国防方針を改定 8. 「国策の基準」…南進・ソ連への対抗など 11. [日独防共協定] に調印…国際共産主義運動への対抗 12. ワシントン・ロンドン海軍軍縮条約の失効 　　西安事件…中国の内戦停止
林銑十郎	陸軍		
第1次 [近衛文麿]	貴族院	1937	7. [盧溝橋事件] 　➡日中戦争の勃発 8. 第2次上海事変 9. 第2次国共合作…抗日民族統一戦線の結成 11. 日独伊三国防共協定に調印 　　トラウトマン(独)の和平工作 12. 日本軍, 南京占領 (南京事件)
		1938	1. 第1次近衛声明:「国民政府を対手とせず」 7. 張鼓峰事件…日ソの軍事衝突 10. 日本軍が広東・武漢三鎮を占領 　➡国民政府は重慶へ 11. 第2次近衛声明:「東亜新秩序建設」 12. 汪兆銘が重慶を脱出 　　第3次近衛声明:「近衛三原則」
[平沼 騏一郎]	官僚	1939	5. [ノモンハン事件]…ソ連軍に大敗 7. アメリカ, 日米通商航海条約廃棄を通告 8. [独ソ不可侵条約] 調印 　➡「欧州情勢は複雑怪奇」
[阿部信行]	陸軍	1939	9. [第二次世界大戦] 勃発…ドイツのポーランド侵攻より
[米内光政]	海軍	1940	1. 日米通商航海条約の失効 3. 南京政府樹立…汪兆銘擁立, 各地の傀儡政権を統合

流れで覚える

◆　岡田啓介内閣に代わった　1　内閣は陸軍の要求を入れて成立し，　2　を復活させた。1936年，帝国国防方針を改定して軍備拡張を進め，「　3　」で南方への進出とソ連の脅威の除去などの方針を定めた。続いて陸軍の穏健派　4　に組閣の大命が下ったが，組閣に失敗し，同じ陸軍の　5　が組閣するが短命に終わった。代わって貴族院議長の　6　が内閣を組織した。

◆　1935年以降，陸軍により中国では華北分離工作が進められていた。これに対し，中国では抗日の機運が高まり，1936年，張学良が共産党の討伐を重視する国民政府の蔣介石を監禁して内戦停止と抗日を要求する　7　が起こった。これをきっかけに国民政府と共産党の内戦は終結し，1937年には　8　が実現し，抗日民族統一戦線が結成された。

◆　1937年に北京郊外の　9　付近で日中両軍の衝突が起こった。　6　内閣は当初，不拡大方針をとったが，軍部の圧力により転換して兵力を増強し，国民政府側も徹底抗戦の姿勢をとったため戦線は拡大し，正式な宣戦布告をしないまま日中戦争へと発展した。日本は大軍を投入し，年末には国民政府の首都　10　を占領したが，国民政府は　11　まで退き，米英の支援で抗戦を続けた。

◆　中国側の抵抗に対して，1938年に　6　首相は「国民政府を対手とせず」との第1次声明を発表し，国民政府との和平交渉による戦争収拾の可能性を閉ざし，中国各地に傀儡政権を樹立する方針に切り替えた。さらに戦争目的は　12　の建設にあるとする第2次声明を発表した。その後，国民政府の要人　13　を　11　から脱出させ，米内光政内閣のときに　10　に傀儡政権を樹立したが，終戦の政略は失敗し，戦争は長期化した。

◆　　1　内閣はソ連を中心とする国際的な共産主義運動に対抗するため，1936年，ドイツと　14　を締結し，翌年，イタリアが加盟した。その後，1938年の張鼓峰事件，翌年の　15　とソ連との戦闘になったが敗北を喫した。一方でドイツはソ連と　16　を結び，　17　内閣は事態に対応できず，総辞職した。1939年，ドイツがポーランドに侵攻して　18　が勃発したが，　19　内閣，続く米内光政内閣は欧州大戦不介入の方針をとり，陸軍強硬派と対立し，総辞職に追いこまれた。

重要用語チェック

1 広田弘毅
2 軍部大臣現役武官制
3 国策の基準
4 宇垣一成
5 林銑十郎
6 近衛文麿
7 西安事件
8 第2次国共合作
9 盧溝橋
10 南京
11 重慶
12 東亜新秩序
13 汪兆銘
14 日独防共協定
15 ノモンハン事件
16 独ソ不可侵条約
17 平沼騏一郎
18 第二次世界大戦
19 阿部信行

原始 古墳 飛鳥 奈良 平安 鎌倉 室町 安土桃山 江戸 明治 大正 昭和 平成

▲広田弘毅

✦ 時代をつかむ

●戦時体制と思想弾圧

内閣	年	経済統制	思想
林銑十郎	1937		5. 文部省『国体の本義』配布
第1次近衛文麿	1937	9. 臨時資金調整法公布 輸出入品等臨時措置法公布 10. 企画院設置 ◆国民精神総動員運動の開始	12. 矢内原事件 第1次人民戦線事件
	1938	4. ［国家総動員法］公布 …勅令により物資の統制 電力国家管理法公布 7. 産業報国会の結成	2. 第2次人民戦線事件 10. ［河合栄治郎］の著書発禁
平沼騏一郎	1939	3. 賃金統制令公布 4. 米穀配給統制法公布 7. ［国民徴用令］公布 …軍需産業への強制動員	
阿部信行	1939	10. 価格等統制令公布 12. 小作料統制令公布	
米内光政	1940	6. 砂糖・マッチ切符制 7. 奢侈品等製造販売制限規則 公布（七・七禁令）	2. ［津田左右吉］の著書発禁
第2次近衛文麿	1940	10. 米の供出制の実施	
	1941	4. 米穀配給通帳制	3. 治安維持法改正（予防拘禁制）

●戦時下の文化

	作家	作品など
転向文学	中野重治 島木健作	『村の家』（1935） 『生活の探求』（1937）
戦争文学	［火野葦平］ ［石川達三］	『麦と兵隊』（1938） 『生きてゐる兵隊』（1938, 発禁）
既成の作家	島崎藤村 谷崎潤一郎	『夜明け前』（1929〜35） 『細雪』（1943）連載禁止
文芸評論	保田与重郎・ 亀井勝一郎	雑誌『日本浪曼派』創刊（1935）

▶「ぜいたく追放」の立看板

∴∵∵● 流れで覚える

◆　日中戦争が始まると巨額の軍事予算が組まれ，経済統制が進んでいった。第1次 ___1___ 内閣は軍需産業優先に融資するという ___2___ や，貿易に関する物資を統制する ___3___ などを制定して，軍需産業中心の体制をつくっていった。1938年には ___4___ が出され，民間の電力会社を日本発送電会社に統合した。

1 近衛文麿

2 臨時資金調整法

3 輸出入品等臨時措置法

4 電力国家管理法

◆　第1次 ___1___ 内閣は，総動員計画を立案する ___5___ を内閣直属の機関として設け，1938年4月には ___6___ を制定した。これにより，政府は議会の承認なく，勅令によって戦争に必要な物資や労働力を統制・運用する権限を得た。その勅令として，国民を強制的に軍需産業に動員する ___7___ や，インフレーションに対して公定価格制を導入する ___8___ などが出された。

5 企画院

6 国家総動員法

7 国民徴用令

8 価格等統制令

◆　国民には「ぜいたくは敵だ」などのスローガンを出し，生活の切りつめを強要した。1940年には，ぜいたく品の製造・販売を禁止する七・七禁令が出され，砂糖・マッチの消費を制限する ___9___ がしかれた。また，1939年には，米の集荷を一元化して政府の統制下におくため，米穀配給統制法を出し，翌年には米を強制的に政府が買い上げる ___10___ ，さらにその翌年には米は ___11___ となった。しかし，物資の不足により，正式ルートを経ずに品物を売買する ___12___ が行われた。

9 切符制

10 供出制

11 配給制

12 闇取引

◆　政府は1937年から ___13___ を展開して節約・勤倹など国民に戦争協力を促し，警察の指導で職場ごとに ___14___ を結成させ，労使一体で国策に協力させた。また，思想や学問への弾圧も強化され，政府の植民地政策を批判した ___15___ ，『ファシズム批判』の ___16___ ，『神代史の研究』の ___17___ などの著書が発禁処分になり，1937〜38年にかけて，反ファッショを唱えた鈴木茂三郎や大内兵衛らが検挙される ___18___ も起こった。

13 国民精神総動員運動

14 産業報国会

15 矢内原忠雄

16 河合栄治郎

17 津田左右吉

18 人民戦線事件

◆　戦時下には，プロレタリア文学は衰退し，___19___ の『村の家』などは転向文学といわれた。また，『麦と兵隊』の ___20___ ，『生きてゐる兵隊』の ___21___ などの戦争文学が人気を博した。

19 中野重治

20 火野葦平

21 石川達三

太平洋戦争（アジア太平洋戦争）

❖❖❖ 時代をつかむ

内閣	所属	年	展開
米内光政 （よないみつまさ）	海軍	1940	1. 日米通商航海条約の失効 6. 近衛が［新体制運動］をはじめる
第2次 近衛文麿 （このえふみまろ）	貴族院	1940	9. 北部仏印へ進駐 ［日独伊三国同盟］に調印…アメリカに対抗 10.［大政翼賛会］発足…官製の上意下達機関 11. 大日本産業報国会結成
		1941	3. 国民学校令公布 4. 日ソ中立条約に調印 日米交渉開始…野村吉三郎大使とハル国務長官 6. 独ソ戦開始 7. 「情勢の推移に伴ふ帝国国策要綱」 ➡関東軍特種演習（関特演）
第3次 近衛文麿	貴族院	1941	7. 南部仏印へ進駐 8. アメリカ，対日石油輸出の禁止 9. 「帝国国策遂行要領」決定
東条英機 （とうじょうひでき）	陸軍	1941	11. アメリカ，ハル＝ノートを提示 12. マレー半島上陸・［ハワイ真珠湾攻撃］➡日米開戦
		1942	4. 翼賛選挙実施➡翼賛政治会の結成 6. ［ミッドウェー海戦］で敗北➡戦局の転換
		1943	11. 大東亜会議開催…「大東亜共栄圏」の誇示 カイロ宣言…米・英・中，日本の領土の限定 12. 学徒出陣…10月に学生・生徒の徴兵猶予停止
		1944	6. ［学童疎開］の決定…国民学校生の集団疎開 7. サイパン島の日本軍守備隊全滅➡東条内閣総辞職
小磯国昭 （こいそくにあき）	陸軍	1944	8. 学徒勤労令公布➡学徒動員 女子挺身勤労令➡女子挺身隊（未婚女性）
		1945	2. ヤルタ協定…米・英・ソ，ソ連の対日参戦決定 4. アメリカ，沖縄本島上陸
鈴木貫太郎 （すずきかんたろう）	海軍	1945	7. ［ポツダム宣言］…米・英・中，日本の無条件降伏を要求 8. 広島（8.6）・長崎（8.9）に原子爆弾（原爆）投下 ソ連の対日参戦（8.8） ポツダム宣言受諾を決定（8.14） 天皇，終戦の詔書を放送（玉音放送，8.15）

·····：流れで覚える

◆ 　1　 はドイツのナチス党にならった新体制運動の先頭に立ち，　2　 内閣の総辞職後，第2次内閣を組織した。そのもとで1940年に結成された　3　 は，総理大臣を総裁とし，　4　 を最末端機関とする官製の上意下達機関であった。下部組織には労働団体を統合した　5　 などがあった。一方，小学校を　6　 と改めて戦時教育を徹底した。

◆ 　日本の「東亜新秩序」建設に反発したアメリカが日米通商航海条約を廃棄すると，第2次　1　 内閣は，日中戦争打開と資源確保のため，独伊との連携や南進の実行をめざした。1940年には援蔣ルートの遮断をねらって　7　 への進駐を開始し，ほぼ同時にアメリカを仮想敵国とする　8　 を締結した。また，翌年，北方の安全確保とアメリカ牽制のため　9　 を締結した。

◆ 　日本に対し経済制裁を強めたアメリカとの交渉が，駐米大使　10　 により始まった。そして対米強硬論をとる外相　11　 を排除した第3次　1　 内閣が成立し，その直後に　12　 への進駐を進めた。それに対し，アメリカは対日石油の輸出禁止などを決定した。そのため，御前会議では，事実上の対米開戦決定となる　13　 が定められ，反対する　1　 は辞職した。

◆ 　1　 の辞職後，内大臣　14　 の推挙により　15　 が組閣し，日米交渉を続けたが，アメリカ側の提示した　16　 の要求が満洲事変以前の状態への復帰を要求する厳しいものであったため，交渉は決裂した。1941年12月，ハワイの　17　，イギリス領マレー半島上陸から太平洋戦争が始まった。緒戦は日本が有利に進めたが，1942年の　18　 で戦局は転換し，1944年，　19　 が陥落して　15　 内閣は辞職し，本土空襲が本格化した。

◆ 　戦局が悪化する中，1943年には，法文系などの学生を入隊させる　20　 が行われた。また，25歳未満の未婚の女性を　21　 に組織し，軍需工場へ動員するなど勤労動員が行われた。1944年には本土空襲が激化したため，国民学校生の　22　 が始まった。

◆ 　沖縄戦で小磯国昭内閣が総辞職した後，　23　 内閣が成立し，終戦工作を開始した。米・英・ソは　24　 会談を開き，日本に無条件降伏を要求したが，日本がすぐに受諾しなかったため，広島・長崎に　25　 が投下され，　26　 に基づきソ連が参戦した。そのため，8月14日に　24　 宣言受諾を通告し，8月15日，ラジオによる天皇の「　27　」で戦争終結が国民に伝えられた。

原始 古墳 飛鳥 奈良 平安 鎌倉 室町 安土桃山 江戸 明治 大正 昭和 平成

75	占領と改革

時代をつかむ

内閣	年	事項
鈴木貫太郎	1945	8. ポツダム宣言受諾➡玉音放送…終戦
東久邇宮稔彦 （皇族）	1945	8. 連合国軍の進駐…最高司令官マッカーサー来日 9. 降伏文書に調印…ミズーリ号上 　　プレス＝コード…占領軍の批判禁止
［幣原喜重郎］	1945	10.［五大改革］と改憲の指令 12. 労働組合法を公布 　　農地調整法改正・公布（第1次［農地改革］） 　　神道指令…国家と神道の分離 　　修身・日本史・地理の授業停止を指令
	1946	1. 天皇の人間宣言…神格化を否定 　　公職追放の指令 4. 新選挙法による総選挙…女性参政権実現 5. 極東国際軍事裁判（東京裁判）の開廷
第1次 吉田茂 （日本自由党）	1946	8. 持株会社整理委員会の発足…［財閥解体］ 9. 労働関係調整法を公布 10. 自作農創設特別措置法を公布（第2次［農地改革］） 11.［日本国憲法］公布
	1947	1. 二・一ゼネスト中止命令 3. 教育基本法・学校教育法公布 4. 労働基準法，独占禁止法，地方自治法を公布 5. 日本国憲法施行
［片山哲］ （日本社会党ほか）	1947	9. 労働省設置 12. 過度経済力集中排除法，改正民法を公布，内務省廃止
［芦田均］ （民主党ほか）	1948	7. 教育委員会法公布 10.［昭和電工事件］により内閣総辞職

●戦後の政党の復活

［日本自由党］	旧政友会系	総裁鳩山一郎➡総選挙後，吉田茂が組閣
［日本進歩党］	旧民政党系	総裁町田忠治➡民主党（1947）へ
日本協同党	中間政党	委員長山本実彦➡国民協同党（1947）へ
［日本社会党］	旧無産政党の統合	書記長片山哲
［日本共産党］	合法政党として活動	書記長徳田球一

流れで覚える

◆　終戦後，連合国軍が進駐して最高司令官に [1] が就任した。占領方式は連合国軍最高司令官総司令部（GHQ）の指令を日本政府が実行する [2] 方式で，ワシントンには最高決定機関である [3]，東京には諮問機関の [4] が置かれていた。[5] が初の皇族内閣を組織したが，GHQ の指令が実行できず，代わって幣原喜重郎が組閣した。[1] は日本政府に五大改革と改憲を指令した。

◆　労働改革として，1945年，労働者の団結権・団体交渉権などを保障した [6] が制定され，翌年には労働関係調整法，さらに1947年には最低限の労働条件を示した [7] が制定された。また教育改革では，アメリカ教育使節団の勧告により，1947年に義務教育9年・男女共学などの原則をうたった [8]，6・3・3・4の新学制である [9] が制定された。1948年，公選による [10] を設け，教育の地方分権化をはかった。

◆　経済改革では，財閥・寄生地主の解体が進められた。財閥解体では，[11] が持株会社などが所有する株式の譲渡を受けて一般に売り出した。さらに1947年に [12] を制定して持株会社などを禁止して財閥の復活を阻止し，[13] で巨大企業の分割を行ったが，占領政策の転換により不徹底に終わった。また，農地改革では幣原内閣のとき，[14] を改正したが不徹底である（第1次）として，次の第1次吉田茂内閣のとき，[15] を制定して，条件を超える貸付地を国家が買い上げて小作人に格安で売却した。その結果，寄生地主制は解体された。

◆　幣原内閣は改憲指令を受けて [16] を委員長とする憲法問題調査委員会で改正案を作成したが，保守的な内容であった。そのため，GHQ の改正草案をもとに政府原案を作成し，帝国議会の審議を経て，第1次吉田茂内閣で日本国憲法として1946年11月3日に公布，翌年5月3日に施行した。

◆　1945年には衆議院議員選挙法を改正し，女性参政権を初めて認め，満20歳以上の男女に選挙権が与えられた。戦後初の総選挙の結果，[17] が第一党になり第一次吉田茂内閣が成立し，その後の新憲法下での初の総選挙では，[18] の [19] が首班指名を受け，民主党・国民協同党と連立で組閣した。続いて民主党の [20] が同じ三党連立内閣を組織したが，[21]により辞職した。

重要用語チェック

1　マッカーサー
2　間接統治方式
3　極東委員会
4　対日理事会
5　東久邇宮稔彦

6　労働組合法
7　労働基準法
8　教育基本法
9　学校教育法
10　教育委員会

11　持株会社整理委員会
12　独占禁止法
13　過度経済力集中排除法
14　農地調整法
15　自作農創設特別措置法

16　松本烝治

17　日本自由党
18　日本社会党
19　片山哲
20　芦田均
21　昭和電工事件

▲マッカーサー

原始　古墳　飛鳥　奈良　平安　鎌倉　室町　安土桃山　江戸　明治　大正　昭和　平成

❖❖ 時代をつかむ

●第二次世界大戦後の国際情勢と日本の独立

<table>
<tr><td rowspan="7">国際情勢</td><td colspan="2">国際連合成立（1945）…51か国で発足，国際平和機関</td></tr>
<tr><td colspan="2">▶ [冷戦] 体制：米ソ二大陣営の対立</td></tr>
<tr><td colspan="2">西側…アメリカ中心，資本主義・自由主義陣営，北大西洋条約機構（NATO・1949）</td></tr>
<tr><td colspan="2">東側…ソ連中心，社会主義・共産主義陣営，ワルシャワ条約機構（1955）</td></tr>
<tr><td colspan="2">▶ 東アジア情勢</td></tr>
<tr><td colspan="2">中国…戦後，国共内戦➡中華人民共和国成立（1949）　主席 [毛沢東]
　　　国民政府は台湾へ➡中華民国　総統 [蒋介石]</td></tr>
<tr><td colspan="2">朝鮮…ソ連占領地域➡朝鮮民主主義人民共和国（北朝鮮・1948）　首相 [金日成]
　　　アメリカ占領地域➡大韓民国（韓国・1948）　大統領 [李承晩]
　　　[朝鮮戦争] 勃発（1950）…北朝鮮が韓国に侵入➡板門店で休戦協定（1953）</td></tr>
<tr><td rowspan="5">日本の独立</td><td colspan="2">朝鮮戦争勃発（1950）➡ [警察予備隊] 創設（1950），[レッド＝パージ]（共産党弾圧）</td></tr>
<tr><td colspan="2">▶ [サンフランシスコ講和会議]（1951）：全権 [吉田茂]（首相）</td></tr>
<tr><td colspan="2">サンフランシスコ平和条約に調印…日本と48か国が調印
　　[ソ連] は条約に調印せず，インド・ビルマは不参加，両中国は招かれず
　　朝鮮の独立，台湾など放棄，沖縄・小笠原諸島はアメリカの施政権下</td></tr>
<tr><td colspan="2">[日米安全保障条約] に調印（1951）…米軍の日本駐留，防衛義務なし，無期限</td></tr>
<tr><td colspan="2">日米行政協定締結（1952）…米軍への基地提供，駐留費用分担など</td></tr>
</table>

●戦後の経済復興

内閣	年	事項
幣原喜重郎	1946	2. [金融緊急措置令]…旧円の流通禁止，新円の引き出し制限 5. 食糧メーデー…食糧不足の深刻化
第1次吉田茂	1946	12. [傾斜生産方式] の採用…石炭・鉄鋼などに資材・資金集中
	1947	1. 復興金融金庫の設立…基幹産業への供給 2. [ニ・一ゼネスト] 計画…GHQ の中止命令
片山哲	1947	12. 臨時石炭鉱業管理法公布➡炭鉱国家管理問題
芦田均	1948	10. 昭和電工事件…復興金融金庫をめぐる汚職
第2次吉田茂	1948	12. [経済安定九原則]…GHQ の指令
第3次吉田茂	1949	3. ドッジ＝ライン…均衡予算の作成により財政支出の削減 ◆下山事件・三鷹事件・松川事件…国鉄の怪事件 　　シャウプ勧告…税制改革，累進所得税制など採用
	1950	◆ [特需景気] が起こる…工業生産の回復
	1952	8. [国際通貨基金]（IMF）・世界銀行に加盟

∷··· 流れで覚える

◆　第二次世界大戦後，　1　が発足して世界平和の維持をめざした。一方で，米ソ二大陣営の対立である　2　体制が形成された。中国では内戦が再開され，　3　の共産党が勝利し，　4　が成立した。敗れた　5　の国民政府は台湾で中華民国を存続させた。また，朝鮮では北に　6　を首相とする　7　が成立し，南には　8　を大統領とする大韓民国が成立した。

◆　1950年，朝鮮戦争が始まり，アメリカ軍は国連軍として介入した。一方，日本ではGHQの指令で軍備として　9　が設置され，共産主義者を追放する　10　が始まった。その中で，アメリカは日本の独立と西側への早期編入をめざし，1951年，　11　講和会議を召集した。中華人民共和国と中華民国はいずれも招かれなかったうえ，ソ連など東側諸国が調印しなかったため単独講和となったが，全権の　12　らが　11　平和条約に調印した。これにより日本は独立を回復したが，沖縄・小笠原諸島はアメリカの施政権下におかれた。同日夜，　13　が調印され，米軍の駐留を規定したが，防衛義務や期限は明記されず，片務的な内容であった。翌年には，基地の提供や分担金を定めた日米行政協定が結ばれた。

◆　戦後，工業生産額は落ち込み，敗戦による軍人の復員や一般居留民の引揚げで人口はふくれ上がり，失業者も増大した。さらに，紙幣を増発したため，深刻なインフレが発生した。そのため幣原喜重郎内閣は　14　を出して一時的におさえた。続く第1次吉田茂内閣は，資材と資金を石炭や鉄鋼などの重要産業に集中する　15　を採用し，復興金融金庫を設置して基幹産業に資金を供給した。一方で1947年，官公庁労働者を中心に　16　を計画したが，GHQの命令で中止された。

◆　GHQは冷戦を背景に占領政策を転換し，インフレを抑制して日本の経済を復興させるため，1948年，　17　を指令した。翌年には特別公使　18　が来日し，政府に均衡予算を編成させるとともに，1ドル＝　19　円の単一為替レートを設定した。また，　20　が来日して税制改革も行った。これにより，インフレは収束したが不況は深刻化し，中小企業の倒産や失業者は増大した。その後，朝鮮戦争の勃発で，米軍の需要による　21　が起こり日本の経済は復興した。さらに1952年には為替相場の安定などをはかる組織である　22　と世界銀行に加盟した。

重要用語チェック

1　国際連合

2　冷戦

3　毛沢東

4　中華人民共和国

5　蔣介石

6　金日成

7　朝鮮民主主義人民　　共和国

8　李承晩

9　警察予備隊

10　レッド＝パージ

11　サンフランシスコ

12　吉田茂

13　日米安全保障条約

14　金融緊急措置令

15　傾斜生産方式

16　二・一ゼネスト

17　経済安定九原則

18　ドッジ

19　360円

20　シャウプ

21　特需景気

22　国際通貨基金　　（IMF）

原始
古墳
飛鳥
奈良
平安
鎌倉
室町
安土桃山
江戸
明治
大正
昭和
平成

55年体制の成立と対米協調外交

❖ 時代をつかむ

内閣		年	事項
[吉田茂]	第2次	1948	12. 経済安定九原則の指令
	第3次	1950	6. 朝鮮戦争 の勃発 8. 警察予備隊の創設指令 9. 公務員のレッド=パージ方針決定，公職追放解除の開始
		1951	9. サンフランシスコ講和会議 日米安全保障条約に調印
		1952	7. [破壊活動防止法] 制定…「血のメーデー事件」が契機
	第4次	1952	10. 警察予備隊を保安隊に改組
	第5次	1953	6. 内灘基地反対闘争
		1954	1. 造船疑獄事件の捜査開始 3. [第五福龍丸] の被爆➡原水爆禁止世界大会 (広島・1955) MSA協定 (日米相互防衛援助協定) に調印 7. 陸海空 [自衛隊]・防衛庁の発足
[鳩山一郎]		1954	12. 日本民主党の鳩山内閣発足
		1955	5. 砂川基地反対闘争 10. 日本社会党の再統一 11. [自由民主党] 結成 (保守合同) ➡ [55年体制] の成立
		1956	6. 新教育委員会法公布…委員が公選制➡任命制へ 10. [日ソ共同宣言] に調印…ソ連と国交の正常化 12. 日本が [国際連合] に加盟
石橋湛山			
[岸信介]			▶「日米新時代」：安保条約改定，日米関係を対等に
		1960	1. [日米相互協力及び安全保障条約 (日米新安保条約)] に調印 5. 衆議院で安保条約批准の強行採決➡安保闘争激化
[池田勇人]			▶「寛容と忍耐」：革新勢力との対立を避ける
		1960	12. 国民所得倍増計画を発表…高度経済成長の促進
		1962	11. 日中準政府間貿易 (LT貿易) の取り決め
[佐藤栄作]		1965	2. ベトナム戦争 へ米軍介入…北爆開始 6. [日韓基本条約] に調印…韓国との国交樹立
		1968	6. 小笠原諸島の返還
		1969	11. 佐藤・ニクソン会談…沖縄返還の合意 (核抜き・本土並み)
		1971	6. [沖縄返還協定] に調印➡翌年返還

:::: 流れで覚える

◆　独立後の1952年，| 1 |内閣は血のメーデー（皇居前広場）事件をきっかけとして| 2 |を制定した。また，1954年には| 3 |を締結して，アメリカの援助をうけ，防衛庁の統括のもとで| 4 |を発足させた。これらの動きに反発する革新勢力は，石川県の| 5 |**事件**や東京の| 6 |**事件**など米軍基地反対闘争を組織し，1954年の| 7 |被爆事件を契機に翌年，原水爆禁止世界大会を広島で開催するなどした。

◆　1954年，造船疑獄事件で吉田内閣への批判が高まるなか，| 8 |は自由党を離党して日本民主党を結成した。その結果，吉田茂は退陣し，同年末，憲法改正・再軍備をめざす| 8 |内閣が成立した。講和問題で左右両派に分かれていた| 9 |は，1955年の総選挙で改憲阻止に必要な3分の1議席を確保し，再統一した。それに対し，日本民主党と自由党も合同して| 10 |を結成した。この後，保守と革新の対立のもとで保守一党が優位の体制が続いた。これを| 11 |という。

◆　| 8 |内閣は，冷戦の緊張が緩和する国際情勢の中，1956年，| 12 |に調印してソ連と国交を回復し，ソ連が支持したことで，同年，| 13 |加盟が実現した。それを継いだ| 14 |内閣は短命に終わった。

◆　| 14 |内閣を継いだ| 15 |内閣は「| 16 |」を唱え，安保条約を改定して日米関係をより対等にすることをめざした。交渉の結果，1960年，| 17 |が調印され，アメリカ軍の日本防衛義務が明記されるとともに期限は10年と定められた。革新勢力が安保改定反対運動を組織するなか，与党が条約批准を強行採決すると，革新勢力や全学連などの反対運動である| 18 |が激化し，| 15 |内閣は条約の発効を見届けて総辞職した。続く| 19 |内閣は「寛容と忍耐」を唱えて革新勢力との対立を避けた。

◆　| 20 |内閣はアメリカの介入でベトナム戦争が激化する中，1965年，| 21 |を結び，韓国との国交を樹立した。また，「持たず，つくらず，持ち込ませず」の| 22 |を掲げ，1968年には| 23 |の返還を実現し，翌年にはアメリカの| 24 |大統領との会談で，核抜き・本土並みでの沖縄返還に合意した。そして，1971年，| 25 |に調印し，翌年，返還を実現した。1960〜70年代にかけては，社会党から民主社会党が分裂し，公明党が結成され，日本共産党が議席を増やすなど，多党化が進んだ。

原始
古墳
飛鳥
奈良
平安
鎌倉
室町
安土桃山
江戸
明治
大正
昭和
平成

時代をつかむ

内閣	景気	年	事項
吉田茂 （第2〜 5次）	特需 景気	1952 1953	8. 国際通貨基金（IMF）・世界銀行に加盟 2. テレビ放送開始
鳩山一郎	［神武］ 景気 （1955〜57）	1955 1956	9. 関税と貿易に関する一般協定（GATT）に加盟 ◆「［三種の神器］」流行 　　…白黒テレビ・電気洗濯機・電気冷蔵庫 7. 「もはや戦後ではない」（経済白書） ◆技術革新・設備投資ブーム
岸信介	［岩戸］ 景気 （1958〜61）	1958 1960 1960	◆消費革命の進行，耐久消費財の普及 1. 貿易・為替の自由化計画 　　三池炭鉱争議 ◆「［新三種の神器］」(3C)が流行語となる
池田勇人		 1961 1962 1963 1964	…カー（自動車）・クーラー・カラーテレビ 9. カラーテレビの本放送開始 12. ［国民所得倍増計画］を発表…経済成長の促進 6. 農業基本法公布 5. 新産業都市建設促進法公布…大都市への集中緩和 2. GATT11条国に移行
	オリンピック 景気 （1963〜64）	1964	4. IMF8条国に移行，OECD（経済協力開発機構）に加盟 10. 東海道新幹線開通，［オリンピック東京大会］開催
佐藤栄作	［いざなぎ］ 景気 （1966〜70）	1965 1967 1968 1970	7. 名神高速道路が全線開通 8. ［公害対策基本法］公布 ◆ GNPが資本主義国で第2位 3. 日本万国博覧会開催

四大公害訴訟
水俣病・新潟水俣病
イタイイタイ病
四日市ぜんそく

▶経済成長率の推移

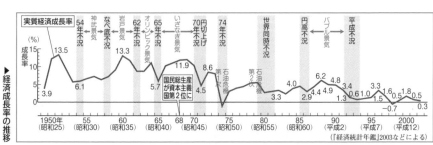

（『経済統計年鑑』2003などによる）

∷∷∷∷　流れで覚える

重要用語チェック

◆　1955年～1973年の間, GNPの成長率が年平均10%を超える**高度経済成長**の時代となった。この時期には海外の　**1**　の成果をとり入れ, 民間企業の設備の更新が進むとともに, 石炭から　**2**　へのエネルギーの転換が進んだ。先進技術の導入は品質・労務管理にも及び, 日本の条件にあわせて, **終身雇用・年功序列賃金・労資協調**を特徴とする　**3**　を確立した。

◆　1955～57年には　**4**　とよばれる大型景気をむかえ, 1956年の　**5**　では戦後復興の終わりと新たな経済発達の段階に入ったことをみすえて「もはや戦後ではない」と記された。その後, 1958～61年には　**6**　, 1966～70年には　**7**　とよばれる大型景気が起こった。

◆　池田勇人内閣は「　**8**　」を唱え, 経済成長を促進させる経済政策を展開した。このころには欧米諸国の要請もあり, 開放経済体制へ移行した。1963年には, 輸入制限ができない　**9**　**11条国**に, 1964年には為替管理ができない　**10**　**8条国**となり, 同年,　**11**　に加盟して資本の自由化が義務づけられた。それにともなう国際競争激化に備え, 銀行を中心に　**12**　が形成されていった。また, 1964年の　**13**　開催にともない, **名神高速道路や東海道新幹線**が開通した。

◆　**日本労働組合総評議会(総評)**により, 各産業の労働組合がいっせいに賃上げを要求する　**14**　方式の定着など, 労働運動の成果もあって労働者の賃金は上昇し, 生活は向上した。国民の消費生活にも大きな変化が生じ, 大量生産が進むとともに耐久消費財が普及し, 1950年代後半からは, 「　**15**　」といわれた**白黒テレビ・電気洗濯機・電気冷蔵庫**, 1960年代には「　**16**　」といわれた**カー(自動車)・クーラー・カラーテレビ**の普及率が上昇した。マスメディアによって大量の情報が伝達されると, 日本人の生活様式はしだいに画一化され, 社会の中層に位置していると考える　**17**　が広がった。

◆　**高度経済成長**はひずみも生んだ。農業では1961年,　**18**　が出されるなど近代化が進み, 生産力は上昇したが, 大量の人口が都市へ流出し, 第2種兼業農家が増加した。農山漁村では過疎化が進み, 一方, 米を例外として食料自給率は低下した。また, **四大公害訴訟**など公害問題が深刻化し, 政府は1967年,　**19**　の制定, 1971年,　**20**　の設置などの公害対策を始めた。

重要用語チェック

1　技術革新
2　石油
3　日本的経営

4　神武景気
5　経済白書
6　岩戸景気
7　いざなぎ景気

8　所得倍増
9　GATT 11条国
10　IMF 8条国
11　経済協力開発機構　　(OECD)
12　企業集団
13　東京オリンピック

14　春闘
15　三種の神器
16　新三種の神器　　(3C)
17　中流意識

18　農業基本法
19　公害対策基本法
20　環境庁

原始　古墳　飛鳥　奈良　平安　鎌倉　室町　安土桃山　江戸　明治　大正　昭和　平成

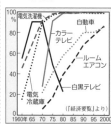

▲耐久消費財の普及

❖❖❖ 時代をつかむ

●高度経済成長の終焉から安定成長へ

内閣	年	事項
佐藤栄作	1971	8.　ドル＝ショック 10.　1ドル＝308円（スミソニアン体制）
［田中角栄］	1972	◆日本列島改造政策の推進
	1973	2.　変動相場制へ移行 10.　第4次中東戦争➡第1次［石油危機］ ◆土地投機と原油価格の高騰によるインフレ…「狂乱物価」
	1974	◆戦後初のマイナス成長
三木武夫	1975	11.　第1回先進国首脳会議（サミット）…フランスのランブイエ
福田赳夫		
大平正芳	1979	2.　イラン革命➡第2次石油危機

●保守政権の動揺

内閣	年	事項
田中角栄	1972	9.　［日中共同声明］を発表…日中国交正常化（大平正芳外相）
	1974	11.　金脈問題により退陣
三木武夫		▶「クリーンな政治」
	1976	7.　ロッキード事件…田中前首相の逮捕 11.　防衛費をGNPの1%以内と決定
福田赳夫	1978	8.　日中平和友好条約調印
大平正芳		◆一般消費税導入に失敗，首相急死
鈴木善幸	1981	3.　臨時行政調査会（第2次臨調，会長土光敏夫） 　　➡「増税なき財政再建」の方向を打ち出す
［中曽根康弘］		▶「戦後政治の総決算」
	1985	4.　NTTとJTが発足
	1987	1.　防衛関係費がGNP1%枠を突破 4.　国鉄の分割民営化➡［JR］7社発足
竹下登	1988	7.　リクルート疑惑…政界をめぐる汚職
	1989	1.　昭和天皇崩御➡「平成」始まる 4.　［消費税］スタート…税率3%

流れで覚える

◆　1971年，アメリカの　1　大統領は新経済政策を発表し，金とドルの交換を停止し，日本などに為替レートの引上げを要求した。そのため，円は1ドル＝　2　円に切り上げられ，1973年には　3　制に移行した。

◆　1973年には第4次　4　を背景としてOAPEC（アラブ石油輸出国機構）による石油輸出の制限やOPEC（石油輸出国機構）の石油価格引上げが行われ，第1次　5　が起こった。為替の固定相場と石油の低価格という条件に支えられた経済成長は終わり，世界的な不況となった。そのため，1975年，第1回の先進国首脳会議（サミット）がフランスのランブイエで開催され，以降，毎年開催されることになった。

◆　6　内閣は「　7　」を掲げ，都市から地方への工業分散と新幹線・高速道路の交通網の整備を軸とする経済成長を構想した。しかし，土地投機と石油価格の高騰に引きずられ，「　8　」といわれたインフレを招き，1974年には戦後初のマイナス成長となった。1979年には　9　を背景に第2次　5　が起こったが，それを乗り切り安定成長に入った。企業は省エネルギーや人員削減など「　10　」を行い，ME（マイクロ＝エレクトロニクス）技術を利用して工場などの自動化を進めていった。

◆　1972年，アメリカのニクソン大統領はベトナム戦争を終わらせるため，中国を自ら訪問して米・中関係を改善した。同年，　6　内閣では　11　が発表され，中国との国交正常化が実現したが，台湾の中華民国政府との外交関係は途絶えた。一方で首相の政治資金調達の方法が問題（金脈問題）となり辞職した。代わった　12　内閣は「クリーンな政治」を掲げたが，1976年，前首相　6　が逮捕される　13　が起こった。続く　14　内閣は1978年，日中平和友好条約を締結した。

◆　15　内閣は財政再建のための一般消費税導入に失敗し，代わった　16　内閣は1981年，　17　を会長とする第2次臨時行政調査会（臨調）を設置し，「増税なき財政再建」を打ち出した。続く　18　内閣は「戦後政治の総決算」を掲げ，NTTとなる　19　・JTとなる　20　・JRとなる国鉄の分割民営化を断行した。また，防衛費は対GNP　21　％枠を突破した。しかし，大型間接税の導入は実現できず，次の　22　内閣のとき，1989年から税率3％の　23　として導入された。

原始　古墳　飛鳥　奈良　平安　鎌倉　室町　安土桃山　江戸　明治　大正　昭和　平成

🔶 時代をつかむ

●冷戦の終結

[新冷戦](1980年代)…アメリカの[レーガン]大統領はソ連との対決姿勢
ソ連の[ペレストロイカ](改革)…1985年に登場した[ゴルバチョフ]による
マルタ会談(1989)…米ソ首脳会談で「冷戦の終結」宣言
「ベルリンの壁」崩壊(1989)➡東西ドイツの統一(1990)
ソ連邦解体(1991)➡ロシア共和国を中心とする連合(「独立国家共同体(CIS)」)へ

●日米貿易摩擦からバブル経済へ

▶[貿易摩擦]:1980年代
　アメリカは「[双子の赤字]」(貿易・財政),日本は**対米貿易黒字**
　日本に**自動車などの輸出規制**と**農産物輸入自由化**をせまる
　[プラザ合意](1985)…5カ国蔵相・中央銀行総裁会議(G5)で**協調介入**,円高の加速
　牛肉・オレンジの輸入自由化(1988),**米市場の部分開放**(1993)
▶[バブル経済](1987〜):地価・株価は実体とかけ離れて異常に高騰
▶**平成不況**へ:1990年初めから株価や地価の下落➡バブル経済の崩壊

●55年体制の崩壊

内閣	事項
[竹下登]	リクルート事件で退陣(1989)
[宇野宗佑]	参議院選挙で与党大敗➡退陣
[海部俊樹]	**湾岸戦争**(1991)…多国籍軍への資金援助
[宮沢喜一]	[PKO協力法](1992)➡**カンボジアへ自衛隊派遣**(1992) **佐川急便事件**(1992)➡国民の非難をあびる 自由民主党分裂➡総選挙で過半数割れ(1993)
[細川護熙]	日本新党など共産党を除く連立政権➡[55年体制]**崩壊** 選挙制度改革(1994)…衆議院に小選挙区比例代表並立制導入

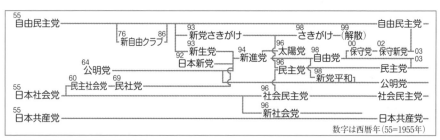

▲1955〜2003年のおもな政党の動き

●●●●● 流れで覚える

◆　1980年代にはアメリカの [1] 大統領がソ連との対立姿勢を明確にし，[2] の時代となり，米ソの経済状態を悪化させた。ソ連では1985年に [3] 書記長が中心となり，[4]（「改革」の意）を実施した。そして1989年，マルタ会談で，アメリカの [5] 大統領とソ連の [3] 書記長が会見し，「冷戦の終結」宣言が出された。ドイツでは1989年，「[6]」が崩壊し，翌年，東西ドイツが統一された。また，1991年にはソ連が解体された。

◆　1980年代には日米間の貿易摩擦が激化した。日本は大幅な対米貿易黒字で，「[7]」（貿易・財政赤字）をかかえるアメリカは日本へ内需拡大や農産物の輸入自由化などを要求した。1985年にはG5（5カ国蔵相・中央銀行総裁会議）が開催され，[8] でドル高是正のための協調介入がはかられた。政府は，1988年，[9]・オレンジの輸入自由化，1993年には [10] 市場の部分開放を決定した。[8] 後，一時的な円高不況を経て好景気となった。1980年代後半の景気は，株価・地価が高騰し，バブル経済と呼ばれる。

◆　[11] 内閣は1988年に発覚した [12] と消費税導入により支持をなくして1989年に退陣し，これに代わった [13] 内閣は参院選の大敗で退陣した。

◆　[14] 内閣は，1991年，クウェートに侵攻したイラクに武力制裁を加えるために始まった [15] で，多国籍軍に対して資金援助を行ったが，国際社会の支持を得ることができなかった。そこで次の [16] 内閣は，国連平和維持活動（PKO）に貢献する自衛隊の海外派遣を可能にするため，1992年，[17] を制定した。そして，同年，[18] に自衛隊を初派遣した。

◆　[16] 内閣では，1992年に [19] などの政界をめぐる汚職が起こり，国民の政治不信を招いた。その中で1993年，内閣不信任案が可決されて自民党は分裂し，その後に行われた総選挙で過半数を割る敗北を喫した。その結果，日本新党の [20] が共産党を除く非自民8党派の連立によって内閣総理大臣に就任した。これにより自民党は成立以来，初めて政権の座をおろされ，55年体制は崩壊した。1994年，[20] 内閣は衆議院に [21] を導入する選挙制度改革を実現した。

1	レーガン
2	新冷戦
3	ゴルバチョフ
4	ペレストロイカ
5	ブッシュ
6	ベルリンの壁
7	双子の赤字
8	プラザ合意
9	牛肉
10	米
11	竹下登
12	リクルート事件
13	宇野宗佑
14	海部俊樹
15	湾岸戦争
16	宮沢喜一
17	PKO協力法
18	カンボジア
19	佐川急便事件
20	細川護熙
21	小選挙区比例代表並立制

原始　古墳　飛鳥　奈良　平安　鎌倉　室町　安土桃山　江戸　明治　大正　昭和　平成

❖❖❖ 時代をつかむ

●バブル経済の崩壊から平成不況へ

1990年はじめから株価，1992年から地価の下落
1991年から景気の後退がはじまる
1993年には実質経済成長率が1%を割り込む…**平成不況**へ

●行財政改革…省庁の再編　橋本龍太郎内閣

再編前	再編後	再編前	再編後
内閣官房	**内閣官房**	大蔵省	**財務省**
総理府		科学技術庁	**文部科学省**
金融再生委員会	**内閣府**	文部省	
経済企画庁		厚生省	**厚生労働省**
沖縄開発庁		労働省	
国家公安委員会	**国家公安委員会**	農林水産省	**農林水産省**
防衛庁	**防衛庁（省）**	通商産業省	**経済産業省**
総務庁		北海道開発庁	
郵政省	**総務省**	国土庁	**国土交通省**
自治省		建設省	
法務省	**法務省**	運輸省	
外務省	**外務省**	環境庁	**環境省**

●日米安保の変化

［日米安保共同宣言］（1996・橋本内閣）
　→アジア太平洋地域における紛争への共同対処
［日米防衛協力のための指針（**新ガイドライン**）］（1997・橋本内閣）
　→日本への武力攻撃だけでなく，周辺事態での協力
新ガイドライン関連法（1999・小渕内閣）
　→**周辺事態法**など

●対テロ戦争

2001年9月11日　アメリカで**同時多発テロ事件**
　［ブッシュ（子）］大統領は報復のためアフガニスタンに武力攻撃
　　→日本の対応…**小泉純一郎内閣**
　［テロ対策特別措置法］（2001）→後方支援のため自衛隊派遣

流れで覚える

◆　細川護熙内閣を継いだ新生党の　**1**　内閣が短命に終わると，1994年，55年体制で対立関係にあった自民党と日本社会党に新党さきがけが加わり，社会党の　**2**　を首班とする内閣が成立した。翌年には，阪神・淡路大震災やオウム真理教による地下鉄サリン事件が起こった。

◆　1996年に　**2**　内閣が退陣すると，自由民主党総裁の　**3**　が連立政権を引き継いだが，総選挙で自民党が圧勝すると，単独で政権を組織した。その後，橋本首相は行財政改革を進めて省庁を再編する一方，アメリカのクリントン大統領と会談して冷戦終結後の日米関係に関して　**4**　を発表し，1997年には「　**5**　」(新ガイドライン)を策定した。1998年には，橋本内閣にかわって　**6**　が組閣し，翌年には自由党，　**7**　の政権参加を取りつけ，連立政権が恒常化した。　**6**　内閣では，新ガイドライン関連法や国旗・国歌法を制定した。

◆　**6**　内閣から　**8**　内閣を経て，2001年4月に　**9**　内閣が成立した。　**9**　内閣は「聖域なき構造改革」をかかげ，　**10**　をはじめ，国公立大学法人化などを実施した。外交面では2002年，北朝鮮の金正日総書記と会談し，　**11**　を発表した。2001年9月にはアメリカで同時多発テロ事件がおこり，アメリカが報復のため，アフガニスタンへの武力攻撃に踏み切ると，　**9**　内閣では　**12**　を制定し，米軍の後方支援を行った。

◆　**9**　首相が2006年に任期満了で辞任すると，　**13**　・　**14**　・　**15**　と短期間で首相がかわり，2009年8月の衆議院議員総選挙で　**16**　が自民党に圧勝し，　**17**　内閣が成立した。しかし，政権は安定せず，沖縄県の普天間基地移設問題で　**17**　首相は退陣し，　**18**　内閣に交代した。2011年3月には東日本大震災がおこると，その処理が問題となり，　**18**　内閣にかわって　**19**　が組閣した。

◆　2012年12月の衆議院議員総選挙で　**16**　が大敗すると，政権は自民党と　**7**　の連立に戻り，第2次　**13**　内閣が成立した。2015年には日米の新ガイドラインと　**20**　が成立し，経済では大規模な金融緩和などを軸とする経済政策が実施された。

重要用語チェック

1 羽田孜
2 村山富市
3 橋本龍太郎
4 日米安保共同宣言
5 日米防衛協力のための指針
6 小渕恵三
7 公明党
8 森喜朗
9 小泉純一郎
10 郵政民営化
11 日朝平壌宣言
12 テロ対策特別措置法
13 安倍晋三
14 福田康夫
15 麻生太郎
16 民主党
17 鳩山由紀夫
18 菅直人
19 野田佳彦
20 安全保障関連法

原始／古墳／飛鳥／奈良／平安／鎌倉／室町／安土桃山／江戸／明治／大正／昭和／**平成**

名前	写真	在職期間・事項
伊藤博文 （いとう ひろぶみ）		1885.12 ～ 88.4　① ・内閣制度発足 ・市制・町村制公布
黒田清隆 （くろだ きよたか）		1888.4 ～ 89.10 ・大日本帝国憲法発布 ・超然主義を表明
山県有朋 （やまがた ありとも）		1889.12 ～ 91.5　① ・第1回帝国議会開催 ・教育勅語発布
松方正義 （まつかた まさよし）		1891.5 ～ 92.8　① ・大津事件 ・品川弥二郎内相の選挙干渉
伊藤博文		1892.8 ～ 96.8　② ・日英通商航海条約調印 ・日清戦争開始
松方正義		1896.9 ～ 98.1　② ・「松隈内閣」 ・貨幣法公布→金本位制
伊藤博文		1898.1 ～ 98.6　③ ・地租増長案否決 ・憲政党結成
大隈重信 （おおくま しげのぶ）		1898.6 ～ 98.11　① ・初の政党内閣 ・「隈板内閣」
山県有朋		1898.11 ～ 1900.10　② ・文官任用令改正 ・軍部大臣現役武官制 ・治安警察法制定
伊藤博文		1900.10 ～ 01.5　④ ・立憲政友会与党 ・八幡製鉄所操業開始

名前	写真	在職期間・事項
桂太郎 （かつら たろう）		1901.6 ～ 06.1　① ・日英同盟締結 ・日露戦争勃発
西園寺公望 （さいおんじ きんもち）		1906.1 ～ 08.7　① ・南満洲鉄道株式会社設立 ・鉄道国有法制定
桂太郎		1908.7 ～ 11.8　② ・韓国併合条約締結 ・日米通商航海条約改正
西園寺公望		1911.8 ～ 12.12　② ・明治天皇死去→大正へ ・陸軍2個師団増設問題
桂太郎		1912.12 ～ 13.2　③ ・第一次護憲運動
山本権兵衛 （やまもと ごんべえ）		1913.2 ～ 14.4　① ・軍部大臣現役武官制改正 ・ジーメンス事件
大隈重信		1914.4 ～ 16.10　② ・第一次世界大戦の勃発 ・二十一カ条の要求
寺内正毅 （てらうち まさたけ）		1916.10 ～ 18.9 ・石井・ランシング協定調印 ・米騒動 ・シベリア出兵
原敬 （はら たかし）		1918.9 ～ 21.11 ・パリ講和会議 ・三・一独立運動 ・国際連盟発足
高橋是清 （たかはし これきよ）		1921.11 ～ 22.6 ・ワシントン会議開催

名前	写真	在職期間・事項
加藤友三郎 （かとうともさぶろう）		1922.6～23.8 ・シベリア撤兵（てっぺい）
山本権兵衛 （やまもとごんべえ）		1923.9～24.1　② ・震災恐慌（しんさいきょうこう） ・モラトリアムの実施
清浦奎吾 （きようらけいご）		1924.1～24.6 ・第二次護憲運動 ・「普選断行・貴族院改革」
加藤高明 （かとうたかあき）		1924.6～26.1　①～② ・普通選挙法・治安維持法制定（ちあんいじほう） ・日ソ基本条約
若槻礼次郎 （わかつきれいじろう）		1926.1～27.4　① ・大正天皇死去→昭和へ ・金融恐慌開始
田中義一 （たなかぎいち）		1927.4～29.7 ・第1回普通選挙 ・山東出兵（さんとうしゅっぺい）
浜口雄幸 （はまぐちおさち）		1929.7～31.4 ・世界恐慌のはじまり ・金解禁 ・ロンドン海軍軍縮条約
若槻礼次郎 （わかつきれいじろう）		1931.4～31.12　② ・柳条湖事件（りゅうじょうこ）
犬養毅 （いぬかいつよし）		1931.12～32.5 ・満洲国建国 ・五・一五事件（ご・いち・ご）
斉藤実 （さいとうまこと）		1932.5～34.7 ・日満議定書締結（にちまんぎていしょ） ・国際連盟脱退

名前	写真	在職期間・事項
岡田啓介 （おかだけいすけ）		1934.7～36.3 ・天皇機関説問題（てんのうきかんせつ） ・二・二六事件（に・にろく）
広田弘毅 （ひろたこうき）		1936.3～37.2 ・軍部大臣現役武官制の復活 ・日独防共協定に調印（にちどくぼうきょうきょうてい）
林銑十郎 （はやしせんじゅうろう）		1937.2～37.6 ・軍財抱合演説（ぐんざいほうごう）
近衛文麿 （このえふみまろ）		1937.6～39.1　① ・盧溝橋事件（ろこうきょう） ・日中戦争開始 ・国家総動員法
平沼騏一郎 （ひらぬまきいちろう）		1939.1～39.8 ・ノモンハン事件 ・国民徴用令公布（こくみんちょうようれい）
阿部信行 （あべのぶゆき）		1939.8～40.1 ・第二次世界大戦勃発 ・価格等統制令公布
米内光政 （よないみつまさ）		1940.1～40.7 ・日米通商航海条約の失効
近衛文麿 （このえふみまろ）		1940.7～41.10　②～③ ・日独伊三国同盟に調印 ・北部仏印・南部仏印進駐（たいせいよくさんかい） ・大政翼賛会発足
東条英機 （とうじょうひでき）		1941.10～44.7 ・太平洋戦争勃発
小磯国昭 （こいそくにあき）		1944.7～45.4 ・沖縄戦 ・ヤルタ協定

名前	写真	在職期間・事項
鈴木貫太郎		1945.4～45.8 ・原子爆弾投下 ・ポツダム宣言受諾
東久邇宮稔彦		1945.8～45.10 ・連合国の進駐 ・降伏文書調印 ・プレス＝コード
幣原喜重郎		1945.10～46.5 ・五大改革と改憲の指令
吉田茂		1946.5～1947.5　① ・日本国憲法公布・施行
片山哲		1947.5～48.3 ・内務省廃止
芦田均		1948.3～48.10 ・昭和電工事件
吉田茂		1948.10～54.12　②～⑤ ・経済安定九原則 ・サンフランシスコ講和会議
鳩山一郎		1954.12～56.12　①～③ ・55年体制の成立 ・日ソ共同宣言
石橋湛山		1956.12～57.2
岸信介		1957.2～60.7　①～② ・日米新安保条約

名前	写真	在職期間・事項
池田勇人		1960.7～64.11　①～③ ・所得倍増計画 ・農業基本法公布 ・東京オリンピック
佐藤栄作		1964.11～72.7　①～③ ・日韓基本条約 ・沖縄返還協定
田中角栄		1972.7～74.12　①～② ・日中共同声明 ・第一次石油危機
三木武夫		1974.12～76.12 ・第1回サミット ・ロッキード事件
福田赳夫		1976.12～78.12 ・日中平和友好条約
大平正芳		1978.12～80.7　①～② ・第2次石油危機
鈴木善幸		1980.7～82.11 ・第2次臨調
中曽根康弘		1982.11～87.11　①～③ ・NTT・JT・JRが発足 ・プラザ合意
竹下登		1987.11～89.6 ・昭和天皇死去→平成へ ・消費税導入 ・リクルート事件
宇野宗佑		1989.6～89.8

名前	写真	在職期間・事項
海部俊樹 （かいふとしき）		1989.8〜91.11 ①〜② ・湾岸戦争（わんがんせんそう）
宮沢喜一 （みやざわきいち）		1991.11〜93.8 ・PKO協力法 ・佐川急便事件
細川護熙 （ほそかわもりひろ）		1993.8〜94.4 ・55年体制の崩壊 ・政治改革関連四法
羽田孜 （はたつとむ）		1994.4〜94.6
村山富市 （むらやまとみいち）		1994.6〜96.1 ・阪神（はんしん）・淡路大震災（あわじだいしんさい）
橋本龍太郎 （はしもとりゅうたろう）		1996.1〜98.7 ①〜② ・京都議定書採択 ・消費税5％に引き上げ
小渕恵三 （おぶちけいぞう）		1998.7〜2000.4 ・新ガイドライン関連法公布 ・国旗・国歌法
森喜朗 （もりよしろう）		2000.4〜01.4 ①〜②
小泉純一郎 （こいずみじゅんいちろう）		2001.4〜06.9 ①〜③ ・テロ対策特別措置法 ・日朝平壌宣言（ピョンヤン） ・郵政民営化法成立
安倍晋三 （あべしんぞう）		2006.9〜07.9 ① ・教育基本法改正 ・防衛省発足

名前	写真	在職期間・事項
福田康夫 （ふくだやすお）		2007.9〜08.9
麻生太郎 （あそうたろう）		2008.9〜09.9 ・リーマン＝ショック
鳩山由紀夫 （はとやまゆきお）		2009.9〜10.6 ・普天間飛行場移設問題
菅直人 （かんなおと）		2010.6〜11.9 ・東日本大震災 ・東京電力福島第一原発事故
野田佳彦 （のだよしひこ）		2011.9〜12.12 ・消費税関連法成立
安倍晋三 （あべしんぞう）		2012.12〜20.9 ②〜④ ・特定秘密保護法成立 ・安全保障関連法 ・天皇退位→令和へ
菅義偉 （すがよしひで）		2020.9〜21.10 ・東京オリンピック
岸田文雄 （きしだふみお）		2021.10〜（現職） ①〜②

さくいん

////////////////////// 著者紹介 //////////////////////

鈴木和裕（すずき・かずひろ）　駿台予備学校講師

大学・大学院で日本史を専攻する。学生時代から教壇に立ち，予備校で日本史の受験指導にあたる。ゴロ合わせなどの暗記法を嫌い，受験生には徹底的に日本史の理解を求める。ブログ「大学受験の日本史を考える」やＸで受験情報を発信している。著書に『日本史の論点―論述力を鍛えるトピック60―』（駿台文庫・共著），『一橋大の日本史20カ年』（教学社）などがある。

//

● ブログ「大学受験の日本史を考える」https://jukenya-nihonshi.com
● Ｘ：@kazu_mha　鈴木和裕【受験屋日本史.com】
● Instagram：kazumha

□ 編集協力　小野田健
□ デザイン　㈱参画社
□ 図版作成　㈱ユニックス
□ イラスト　林拓海
□ 写真提供　Colbace　京都大学理学研究科数学・数理解析専攻数学教室図書館　近代日本人の肖像
　　　　　　宮内庁三の丸尚蔵館　国立国会図書館デジタルコレクション　埼玉県立さきたま史跡の博物館
　　　　　　首相官邸ホームページ　真正極楽寺　大英博物館　防府天満宮

シグマベスト
時代と流れで覚える！
日本史用語

本書の内容を無断で複写（コピー）・複製・転載することを禁じます。また，私的使用であっても，第三者に依頼して電子的に複製すること（スキャンやデジタル化等）は，著作権法上，認められていません。

著　者　鈴木和裕
発行者　益井英郎
印刷所　株式会社天理時報社
発行所　株式会社文英堂
　〒601-8121　京都市南区上鳥羽大物町28
　〒162-0832　東京都新宿区岩戸町17
　（代表）03-3269-4231